KB077579

10대를 위한
데일 카네기 자기관리론
Dale Harbison Carnagey

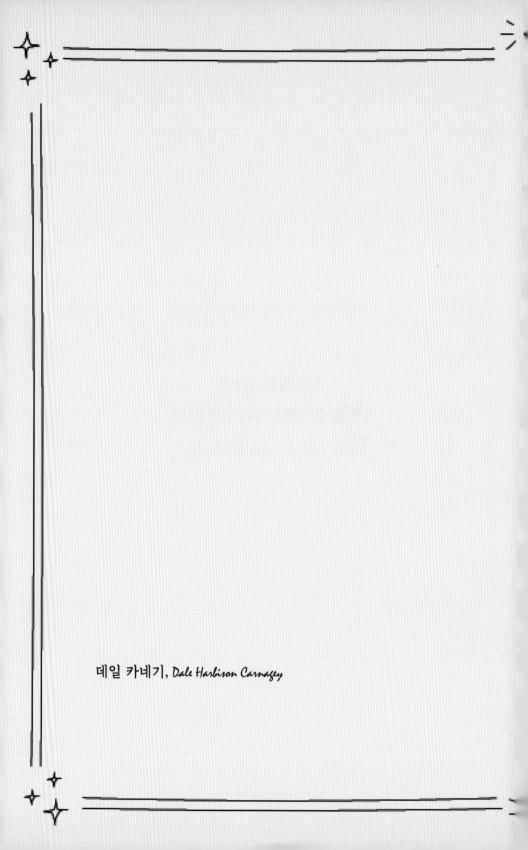

데일 카네기, Dale Harbison Carnagey

대학 졸업 후 사회생활을 시작한 나는 한동안 희망이 없었습니다. 뉴욕에서 가장 값싼 방에 살면서 아무런 의욕도 없이 직장에 다녔지요. 낡은 집에는 바퀴벌레가 들끓었고, 매일 밤 미래에 대한 걱정으로 잠을 설치기 일쑤였습니다. 어렸을 적에 가졌던 꿈은 다 사라져 나 자신에 대한 실망만 가득했지요. 그것은 결코 내가 바라던 삶이 아니었습니다. 나는 잃어버린 꿈을 되찾아 진정한 삶을 살고 싶었지요.

　그러던 어느 날, 내게 기적 같은 순간이 찾아왔습니다. 돌이켜보면 누구에게나 한 번쯤 찾아온다는 인생의 전환점이 었는데, 문득 나는 사범대학에서 교육학을 전공한 특기를 살려 강연자의 삶을 살아보고 싶었습니다. 그리고 책도 써보기로 했지요.

　나는 많은 사람들이 실생활에서 자신의 생각을 전달하는데 어려움을 겪는다고 판단했습니다. 나 또한 자신감 없이 우물쭈물하다 성공의 기회를 제 발로 걷어차고는 했지요. 그래서 그것을 주제로 YMCA에서 강연을 시작했습니다.

그곳에서 나는 수강생들을 격려하고, 그들의 문제를 해결하기 위해 함께 노력했습니다. 실제 사례를 들어 교육하며 실천을 목표로 하는 나의 강의는 금세 큰 인기를 끌었지요. 무엇보다 누군가에게 나의 장점을 드러내며 친구로 만드는 데 효과가 컸기 때문입니다. 그러다 보니 기업체 영업 사원들까지 단체로 나를 찾아오는 일이 일어났지요. 자연스레, YMCA에서 책정한 나의 강의료도 6배 넘게 올랐습니다.

그동안 마지못해 했던 사회생활과 달리, 나는 대중 앞에서 강연하는 일에 완전히 만족했습니다. 그럼에도 거기에서 멈추지 않았지요. 나는 사람들의 가장 큰 문제가 '걱정'과 '고민'인 것을 깨달았습니다. 큰 회사 경영자든 영업 사원이든, 또 가정에서 살림하는 주부든 걱정과 고민이 끊이지 않기는 마찬가지였지요. 그래서 나는 오랜 시간 그 문제의 해결 방법을 찾아보았습니다. 한참 만에 내가 내린 결론은 '자기 관리'가 필요하다는 것이었지요.

그런데 당시만 해도 자기 관리에 도움이 될 만한 강연이나 책이 별로 없었습니다. 나는 스스로 그 일을 해보기로 마음먹었지요. 약 7년의 시간을 들여 자료 조사를 하고 다양한 사람들을 인터뷰했습니다. 그리고 그 내용을 강연에 활용해 수강생들의 반응을 살폈지요. 자주 설문지를 돌려 사람들의 생각을 분석하기도 했습니다. 그런 노력 덕분에, 나는 마침내 『데일 카네기의 인간관계론』에 이어 이 책 『데일 카네기의 자기관리론』을 완성하게 됐지요.

이 책에서 다루는 내용은 학자들을 위한 어려운 이야기가 아닙니다. 이것은 한마디로 사실을 바탕으로 한 실용적인 책이지요. 이 책에는 자기 관리에 성공한 여러 사례가 소개되어 있습니다. 원래 성인을 대상으로 쓴 책이기는 하지만, 어린이 여러분도 꼼꼼히 읽다 보면 중요한 깨달음을 얻을 수 있으리라 믿습니다.

자, 그럼 나와 함께 책 속으로 여행을 떠나 볼까요?

Dale Harbison Carnagey

- 목 차 -

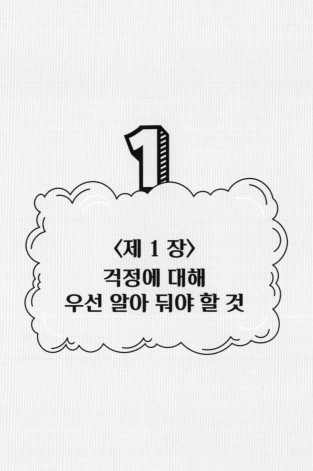

〈제 1 장〉
걱정에 대해
우선 알아 둬야 할 것

⟨첫 번째 이야기⟩ 오늘에 충실해

"우리는 멀리 희미하게 보이는 것을 쫓을 것이 아니라, 바로 앞에 명확하게 보이는 것을 실행해야 한다."

이것은 영국 역사학자 토머스 칼라일의 말입니다. 한 젊은이가 책을 읽다가 이 구절을 발견하고 새로운 깨달음을 얻었지요. 그는 칼라일의 가르침을 가슴 깊이 새겨 하루하루 충실한 삶을 살았습니다. 그 젊은이는 훗날 옥스퍼드 의과대학의 교수가 되고, 존스홉킨스 의과대학을 설립한 윌리엄 오슬러라는 인물이지요.

오슬러는 젊은 시절에 감동받았던 토머스 칼라일의 말을 기회 있을 때마다 자기가 가르치는 학생들에게 들려주었습니다. 그는 자신의 성공 비결이 '하루를 충실하게 살기'였다고 강조했지요. 그가 미국에서 손꼽히는 명문 대학인 예일대학교에서 학생들에게 한 연설은 지금도 많은 사람들의 기억 속에 남아 있습니다. 그는 다음과 같이 말했지요.

윌리엄 오슬러

"여러분 모두는 첨단 설비를 갖춘 초호화 여객선보다 더 훌륭한 존재입니다. 선박의 시설이 아무리 좋아도 드넓은 바다를 항해하는 것은 매우 조심스러운 일이지요.

여러분에게 간곡히 부탁하건대, 인생이라는 바닷길을 안전하게 지나가기 위해 바로 '오늘'의 항해에 충실하도록 하십시오. 우리는 모두 오늘을 살아가고 있을 따름입니다. 그 오늘과 오늘이 쌓여 인생이 되는 것입니다.

지금 여러분이 타고 있는 인생의 배에서 과거와 미래의 문을 닫아 버리십시오. 어리석은 자를 죽음으로 이끄는 과거는 잊어버리십시오. 아직 오지 않은 미래를 걱정하느라 오늘을 낭비하며 스트레스 받는 어리석음에서 벗어나십시오. 그리고 지금 이 순간에 충실하십시오. 오늘을 충실하게 사는 습관을 기르십시오. 그것이 곧 안전하고 보람 있는 여러분의 인생 항해가 될 것입니다."

오슬러는 학생들에게 미래를 준비하지 말라고 이야기한 것일까요? 절대 그렇지 않습니다. 그는 미래를 준비하는 최고의 방법이 바로 오늘의 일에 열중하는 것이라고 강조한 것입니다.

그것이야말로 내일을 준비하는 유일한 방법이라고 보았으니까요.

캐나다 경제학자 스티븐 리콕도 윌리엄 오슬러와 비슷한 말을 했습니다. 그는 이렇게 이야기했지요.

"많은 사람들이 짧은 인생을 정말 어처구니없이 살아갑니다. 아이가 말합니다. '내가 청년이 되면 무엇 무엇을 하겠다.'고. 또 청년이 말합니다. '나중에 내가 어른이 되면 이러저러한 일을 하겠다.'고. 어른들도 다르지 않습니다.

'내가 결혼하면…….'이라든가, '내가 은퇴하면…….' 같은 말을 습관처럼 내뱉기 일쑤입니다. 하지만 결혼한다고 뭐가 달라질까요? 훗날 은퇴하고 나면 이미 지나가버린 자신의 인생에 대해 푸념이나 하기 십상이지요. 그런 사람들은 곧 자신의 미래에 아무것도 변한 것이 없다는 사실을 실감하게 됩니다. 그제야 인생이 지금 이 순간의 연속임을 깨달아 봐야 이미 때가 늦은 것입니다."

리콕의 이야기 역시 오슬러의 가르침과 다르지 않습니다. 과거와 미래에 얽매여 정작 중요한 오늘을 소홀히 하지 말라는 충고지요. 저 멀리 지평선 너머에 있는 마법의 장미 정원을 꿈꾸느라 우리 집 창 밖에 피어 있는 장미꽃을 그냥 스쳐 지나가지 말라는 것입니다.

"어린이 여러분, 밀농사를 짓는 농부를 떠올려 볼까요?

그가 집 안에 틀어박혀 "하나님, 요즘 날이 너무 뜨거워 밀밭이 다 말라 버리지 않을까 걱정입니다. 제가 내년에도 이 땅에서 밀농사를 지을 수 있을까요? 제가 농사를 짓지 못하면 어떻게 빵을 구할까요?"라고 아무리 염려해 봤자 달라질 것은 하나도 없습니다.

그가 정말로 밀농사가 걱정된다면 하루하루 농사에 충실한 것이 최선의 해결책이지요. 그렇게 지금 이 순간 맡은 바 역할을 성실히 해내다 보면 행운도 따르게 마련입니다.

내가 좋아하는 시 중에 인도 희곡 작가 칼리다사의 작품이 있습니다. 그는 오래전 4~5세기에 활동한 인물인데, 약 1천500년이 지난 지금도 반짝이는 삶의 지혜를 전하고 있지요. 나는 그 시를 거실 한쪽에 붙여 놓아 틈나는 대로 읽고 또 읽습니다.

오늘 하루를 잘 봐라!
하루가 인생이니
이 짧은 하루 안에
너라는 존재가
성장의 기쁨이
행동의 영광이
찬란한 아름다움이 있다.

어제는 꿈에 불과하고
내일은 환영일 뿐이나,
오늘을 충실하게 살면
어제는 행복한 꿈이 되고
내일은 희망 가득한 환영이 된다.
그러니 오늘 하루를 잘 봐라!

이것이 새벽 여명에 바치는 인사.

- 칼리다사의 시 <새벽에 바치는 인사>

어린이 여러분이 보기에도 참 좋은 시 아닌가요?

인생은 엄청나게 빠른 속도로 지나갑니다. 조금 과장하면, 우리의 삶이 초속 30킬로미터의 속도로 종착지를 향해 달려가지요.

그러므로 오늘이 우리가 가진 가장 소중한 재산입니다. 바로 지금 이 순간이 두 번 다시 되돌아오지 않는, 우리가 최선을 다해 살아가야 할 인생입니다. 칼리다사의 말처럼 오늘을 충실하게 살아야 어제가 행복한 꿈이 되고 내일이 희망으로 가득해집니다.

칼리다사보다도 훨씬 더 오래전에 살았던 로마 시인 호라티우스 역시 "행복하리니, 홀로 행복하리니, 오늘을 자신의 것이라 말할 수 있는 사람."이라는 말로 똑같은 교훈을 전했습니다.

이번 장 첫 번째 이야기의 규칙을 큰 소리로 외쳐 보겠습니다.

"과거와 미래를 철문으로 단단히 틀어막아라! 오늘 하루를 충실하게 살아라!" 그리고 아래의 몇 가지 질문을 스스로 자신에게 해보도록 하겠습니다.

☑ 나는 이미 지나가 버린 과거의 일을 후회하면서 현재의 삶을 망치고 있지 않나?
··

☑ 나는 미래를 걱정하거나 기대하느라 현실의 삶을 얼렁뚱땅 살고 있지는 않나?
··

☑ 나는 매일 아침마다 "오늘 하루를 즐기며 열심히 살아야지."라고 다짐하고 있나?
··

〈두 번째 이야기〉 걱정을 해결하는 3단계 공식

'캐리어'는 세계적으로 유명한 에어컨 제작 기업입니다. 1915년, 미국 노스캐롤라이나 주에서 윌리스 캐리어가 창업했지요. 나는 그와 친분이 있어 여러 차례 식사를 함께했습니다. 그러던 어느 날 그가 들려준 이야기에 나는 귀가 솔깃했지요. 그것은 최고의 '걱정 해결 방법'이었기 때문입니다.

그의 이야기를 옮겨 보겠습니다.

"나는 젊은 시절 가스 정화 시설을 개발한 회사에서 일했습니다. 마침 피츠버그에 있는 유리 공장에서 주문이 들어와 내가 책임자로 나가게 됐지요. 가스 정화 시설을 설치하면 가스의 불순물이 제거되어 기계 엔진이 고장 나지 않았습니다. 당시만 해도 가스를 정화하는 기술 자체가 매우 획기적이었지요. 그런데 아무래도 기술 개발 초기라 이따금 시행착오가 발생하고는 했습니다. 안타깝게, 유리 공장에서도 예상치 못한 문제가 일어났지요. 고생해서 설치를 다 마쳤는데 가스 정화 시설이 제대로 작동되지 않지 뭡니까. 나는 맡은 바 업무에 실패했다는 생각에 충격을 받았습니다.

머릿속이 백짓장처럼 하얘지더니 너무 걱정되어 잠조차 잘 수 없었지요. 10만 달러에 이르는 공사 대금을 받을 길도 막막했고요."

나는 캐리어의 말에 순식간에 빠져들었습니다. 그가 어떻게 문제를 해결했을지 궁금했지요. 곧 이어진 그의 이야기는 나의 예상을 뛰어넘었습니다.

"나는 이런저런 고민 끝에, 이렇게 걱정만 하고 있어 봤자 좋아질 것이 없다는 생각이 들었습니다. 그래서 걱정 대신 차분히 문제를 해결할 방법을 찾았지요. 그것은 놀라운 효과가 있었습니다. 그 날 이후 나는 그 규칙을 30년이 넘게 실천하고 있지요. 매우 간단한 방법이라 누구라도 쉽게 응용할 수 있습니다."

"그 방법이 뭔가요? 자세히 말씀해 주세요."

나의 재촉에 캐리어는 슬며시 미소 지으며 길게 말을 이었습니다.

"첫째, 두려움을 떨치고 상황을 냉정하게 분석했습니다. 이번 실패 때문에 일어날 수 있는 최악의 상황을 예측해보았지요. 나는 그 일로 감옥에 가거나 총을 맞을 일은 없다는 결론에 이르렀습니다. 제일 심각한 결과는 내가 직장을 잃게 되는 것이었지요.

물론 가스 정화 시설 회사 사장님도 공사 대금을 전부 날릴 위험이 있었고요.

둘째, 나는 최악의 상황을 감수하기로 결심했습니다. 그리고 혼잣말을 했지요. '이번 실패는 내 경력에 오점이 되겠지. 직장을 잃을 수도 있어. 하지만 그렇게 되면 다른 직장을 구하면 되잖아. 또 사장님의 입장에서도 비싼 수업료를 지불했다고 볼 수 있어. 어차피 좀 더 개선할 필요가 있는 기술이니까 이번 일을 계기로 회사가 한 단계 더 발전하게 될 거야. 그 정도 손해로 회사가 망할 리는 없으니까. 사장님은 이미 그 비용을 연구 개발비로 생각하고 있을지 몰라.' 그렇게 최악의 상황을 확인하고 결과를 받아들이기로 마음먹자 정말 큰 변화가 일어났습니다. 그토록 복잡했던 마음이 편안해져 평화를 느꼈지요.

셋째, 그 다음에는 최악의 상황을 개선하는 방향으로 시간과 에너지를 집중했습니다. 10만 달러라는 손실액을 줄이기 위해 모든 수단과 방법을 궁리했지요. 내 생각에는 설치를 마친 장비에 2만 달러를 더 들여 부품을 보완하면 문제가 해결될 것 같았습니다. 다행히 회사에서는 나의 제안을 수긍했고 문제가 해결됐지요. 비록 원가에 2만 달러가 추가됐지만, 그래도 8만 달러의 공사 대금을 받게 된 셈이었습니다.

만약 내가 이미 벌어진 사태를 걱정만 하고 있었으면 어떻게 됐을까요? 아마도 나는 회사에서 해고당하고, 회사 역시 더 큰 손해를 입었겠지요. 어떤 문제 앞에서 그냥 걱정만 하고 있어서는 가장 먼저 집중력이 떨어지게 됩니다. 그러다 보면 마음이 갈피를 못 잡고 결단력을 잃어버리지요. 하지만 최악의 상황을 감수하고 그것을 받아들이면 쓸데없는 걱정 대신 문제 해결에 온힘을 쏟을 수 있게 됩니다. 나는 그와 같은 마음가짐으로 이런저런 삶의 걱정에서 해방될 수 있었지요."

나는 캐리어가 들려준 3단계 걱정 해결 공식에 큰 감명을 받았습니다. 그것은 그야말로 최고의 걱정 해결 방법이었지요.

그 후 나는 또 다른 몇몇 유명인들도 캐리어와 같은 주장을 펼친 것을 알았습니다. 그중 한 사람이 하버드대학교 교수이자 심리학자였던 윌리엄 제임스입니다. 그는 평소 고민 상담을 하러 온 제자들에게 "마음 편히 받아들여라. 이미 일어난 일을 인정하는 것이 불행을 극복하는 첫 번째 과정이다."라고 조언했지요.

그 밖에 중국 철학자 임어당도 자신의 책에서 "진정한 마음의 평화는 최악의 상황을 인정하는 데서 온다. 심리학에서 보면 그것은 에너지의 해방을 의미한다."라고 이야기했습니다.

그럼에도 아직 많은 사람들이 최악의 상황을 인정하지 않은 채 분노의 소용돌이에 빠져 자신의 삶을 파괴하고는 합니다.

나빠진 상황을 개선하려는 시도를 거부하며, 자신의 인생을 파멸의 구렁텅이로 빠뜨리지요. 현실을 받아들인 다음 운명을 개척하기 위해 노력하는 대신 온갖 걱정으로 머리카락을 쥐어뜯으며 우울증의 희생자가 되는 것입니다.

만약 어린이 여러분에게 걱정거리가 생긴다면, 다음의 3가지 규칙을 가슴 깊이 되새겨 보도록 합시다. 우리 한번 큰 소리로 따라 읽어 볼까요?

☑ 스스로 생각해 보아라. "지금 이러날 수 있는 최악의 상황은 무엇인가?"
....

☑ 최악의 상황을 피할 수 없다면 긍정적으로 받아들여라.
....

☑ 최악의 상황을 개선하는 방향으로 시간과 에너지를 집중하라.
....

〈세 번째 이야기〉 걱정이 끼치는 나쁜 영향

　내가 아는 사람들 중 콜로라도 주 산타페병원협회에서 일하는 내과 의사가 있습니다. 언젠가 그가 들려줬던 이야기가 아직도 잊히지 않지요. 그는 단호한 표정으로 이렇게 말했습니다.

　"병원에 찾아오는 환자의 70퍼센트는 걱정을 없애기만 해도 질병을 치료할 수 있습니다. 그들의 질병이 상상 때문에 생긴 것은 아니지만, 걱정이 별것 아닌 병을 키워 병원에 찾아올 만큼 악화시킨 것은 틀림없지요. 이를테면 신경성 소화불량, 위궤양, 심부전, 불면증, 두통, 마비 증상 같은 것 말입니다. 그런 질병이 사람 몸에 생기는 데는 잘못된 생활 습관과 유전 등 다양한 원인이 작용하지요. 그런데 그중 절대로 빼놓을 수 없는 중요한 원인이 걱정입니다. 사람이 지나치게 걱정하면 위액이 필요 이상 분비되어 위궤양에 걸리는 식이지요."

　사실 걱정을 질병의 주요 원인으로 지목한 의사는 그뿐 아닙니다. 이미 여러 의사들이 다양한 매체를 통해 그와 같은 주장을 펼쳤지요.

의사 조셉 몽테규는 자신의 책 『신경성 위장장애』에서 "당신이 먹는 음식 때문에 위궤양이 걸리는 것이 아니다. 스트레스로 인해 위궤양이 생긴다."라고 말했습니다. 물론 음식도 위궤양에 큰 영향을 끼치지만 스트레스를 일으키는 걱정의 문제점을 부각시킨 것이지요. 또한 의사 월터 알바레즈도 똑같은 내용의 이야기를 했습니다. 그는 "위궤양은 스트레스의 기복에 따라 완화되기도 하고 악화되기도 한다."라고 강조했지요.

특히 알바레즈는 오랜 시간 자신의 병원에서 치료받은 1만5천여 명의 진료 기록을 참고해 그와 같은 주장을 뒷받침했습니다. 환자 5명 중 4명은 생활습관에 크게 문제가 없었지요. 그들은 무엇보다 다양한 걱정을 비롯해 두려움, 증오심, 이기심, 현실 부적응 같은 정신적 어려움을 겪고 있었습니다.

메이요 클리닉을 운영하는 메이요 형제도 그와 같은 진단을 내렸습니다. 신경 질환으로 고생하는 환자들은 대개 끊이지 않는 걱정과 더불어 무기력감, 절망감, 불안감, 두려움, 패배감 같은 부정적 감정에 시달리고 있다고 판단했지요.

그 후 의학이 이 위대한 진리를 깨닫는 데는 무려 2천300년의 세월이 필요했습니다. 실제로 의학이 사람들의 정신 질환에 관심을 기울인 것은 별로 오래된 일이 아니지요. 과거에는 정신 의학이라는 용어조차 존재하지 않았으니까요. 그동안 인류는 천연두, 콜레라, 황열병 같은 다양한 신체 질병을 극복해 왔지만 정신 질환에 대한 치료법은 아직도 개척해 나가야 할 여지가 많습니다.

내가 보기에는 지나친 걱정 역시 일종의 정신 질환이라고 할 수 있습니다. 각박한 현실을 견디지 못하고 걱정에 시달리는 사람들은 타인과 관계를 단절한 채 자신만의 세계로 도피할 가능성이 매우 높지요.

그러다 보면 파괴적인 행위를 일삼거나 신체의 질병에 노출되기 십상입니다. 걱정이 끼치는 악영향이 그만큼 심각한 것이지요.

메이요 클리닉에는 의사 헤럴드 허바도 일하고 있습니다. 그는 얼마 전 발표한 논문에서 주목할 만한 주장을 펼쳤지요. 그것은 평균 나이 44.3세인 기업체 임원 176명의 건강에 관한 연구 결과였습니다. 논문에는 기업체 임원 3분의 1이 나이 45세에 이르기 전에 고도의 긴장과 걱정에서 비롯되는 심장병, 위궤양, 고혈압 같은 질병에 시달린다는 내용이 담겼지요.

그것은 기업체 임원들이 성공을 위해 얼마나 큰 대가를 치르고 있는가를 설명해 주는 명확한 증거였습니다. 게다가 그들은 아직 자신들이 바라는 만큼 성공한 것도 아니었습니다. 설령 크게 성공한들 그 대가로 위궤양이나 심장병 같은 고통스런 질병에 걸린다면 과연 어떤 의미가 있을까요? 세상을 다 가져도 건강을 잃으면 아무 소용없는데 말입니다.

솔직히 나는 기업체 임원이 되어 건강을 해치는 것보다는 별 볼일 없는 인생을 살더라도 튼튼한 몸과 즐거운 마음으로 살아가는 편이 더 낫다고 생각합니다. 지난달에 수백만 달러의 재산을 남기고 51세의 나이로 죽은 어느 회사 임원보다 평생 농사만 짓다가 89세로 삶을 마친 내 아버지의 인생이 더 낫다는 말이지요.

여러분은 어떻게 생각하나요?

따지고 보면, 51세에 갑자기 죽은 어느 회사 임원의 비극도 걱정에서 비롯된 것입니다. 그렇듯 걱정은 한 인간의 삶을 순식간에 무너뜨릴 만큼 심각한 문제라고 할 수 있지요. 미국 제32대 대통령 프랭클린 루즈벨트 정부에서 재무부 장관으로 일했던 헨리 모겐소 주니어도 지나친 걱정이 끼치는 나쁜 영향을 고백한 적이 있습니다.

지나친 걱정이 끼치는 나쁜 영향을 고백한 적이 있습니다.

"나는 밀 가격이 폭락해 큰 고민에 빠지면서 스트레스가 이만저만 아니었습니다. 서둘러 대책을 마련하라는 대통령이 지시에도 뾰족한 수가 떠오르지 않았지요. 그러던 어느 날 나는 전에 느껴보지 못했던 극심한 현기증이 일어 몹시 괴로웠습니다. 그 자리에 쓰러질 것만 같았지요. 나는 병원에 가서 응급 처치를 받은 뒤에야 가까스로 정신을 차릴 수 있었습니다. 당시에는 그대로 죽는 것은 아닌지 엄청난 공포가 엄습했지요."

"나는 밀 가격이 폭락해 큰 고민에 빠지면서 스트레스가 이만저만 아니었습니다. 서둘러 대책을 마련하라는 대통령이 지시에도 뾰족한 수가 떠오르지 않았지요. 그러던 어느 날 나는 전에 느껴보지 못했던 극심한 현기증이 일어 몹시 괴로웠습니다.

그 자리에 쓰러질 것만 같았지요. 나는 병원에 가서 응급 처치를 받은 뒤에야 가까스로 정신을 차릴 수 있었습니다. 당시에는 그대로 죽는 것은 아닌지 엄청난 공포가 엄습했지요."

어린이 여러분, 걱정의 위력이 실감나지 않나요?

오죽하면 프랑스의 유명한 철학자 미셸 몽테뉴가 고향 보르도의 시장에 당선됐을 때 이런 말을 했다고 전할까요. 그는 열광하는 시민들 앞에서 단호하게 선언했습니다.

"열심히 일하겠습니다! 하지만 제 폐와 간까지 나빠지도록 과로하지는 않겠습니다!"라고요. 물론 이 말에는 유머가 섞여 있지만, 그만큼 몽테뉴가 걱정과 스트레스의 위험성을 잘 알고 있었다는 뜻이기도 합니다.

나는 여러분에게 쓸데없는 걱정을 없애고 마음의 평화를 되찾을 비결을 알려 주겠습니다. 그것은 한마디로 잘 먹고, 잘 자고, 웃음을 잃지 않는 생활 태도를 가지라는 것입니다. 좋은 음악을 가까이 하고, 주위 사람들을 사랑하며, 종교 생활을 하는 것도 바람직한 방법입니다. 그러면 분명, 여러분에게 몸의 건강과 행복이 찾아오게 되리라 믿습니다.

 이제 우리는 지나친 걱정, 쓸데없는 걱정에서 벗어나야 합니다. 그런 걱정은 피부를 망가뜨려 여드름과 뾰루지가 생기게 하며, 탈모의 원인이 되기도 합니다. 나아가 나쁜 질병을 가져와 우리를 고통스럽게 만들 뿐입니다.

제2차 세계 대전에서 전사한 미군의 수가 약 30만 명 정도 된다는 통계가 있습니다. 그런데 같은 기간 심장병으로 사망한 사람은 200만 명에 달하지요. 나는 그중 상당수가 지나치고 쓸데없는 걱정이 불러온 스트레스 탓이라고 생각합니다. 탁월한 외과 의사였던 알렉시스 캐럴이 "걱정에 슬기롭게 대처하지 못하는 사업가는 일찍 죽음을 맞는다."라고 말한 것이 괜한 엄포는 아니었지요.

여러분은 삶을 사랑하나요? 오랫동안 건강하게 살아가고 싶은가요?

다시 알렉시스 캐럴의 말을 인용해 그 비결을 알려 주겠습니다. "현대사회의 혼란 속에서도 내면의 평화를 유지하는 사람은 정신 질환에 걸리지 않는다."

『월든』의 저자 헨리 데이비드 소로우도 그 해답을 알려 주고 있습니다. "자기가 꿈꾸는 대로 자신감 있게 나아가면, 자기가 바라는 대로 삶을 살아가려고 노력하면, 그 사람은 평소에 기대할 수 없었던 성공에 이르게 될 것이다."

네, 그렇습니다. 두 사람의 말을 실천하는 첫 걸음은 지나친 걱정과 쓸데없는 걱정에서 빠져나오는 것입니다. 그래야만 내면의 평화를 유지하고, 자기가 꿈꾸는 삶을 살기 위해 노력할 수 있으니까요.

잠깐, 스스로 생각해봐

■ 지금 여러분의 머릿속을 복잡하게 만드는 걱정거리 3가지를 적어 봐요. 그리고 내가 설명한 '걱정을 해결하는 3단계 공식'을 참고해 해결 방법을 생각해 봐요.

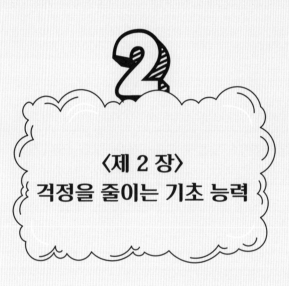

〈제 2 장〉
걱정을 줄이는 기초 능력

〈첫 번째 이야기〉 사실을 알고, 분석하고, 실행하기

어린이 여러분에게도 분명 여러 가지 걱정거리가 있을 것입니다. 어른들에게만 걱정이 있는 것은 절대 아니지요. 내가 앞서 말했듯, 삶을 살아가며 끊임없이 걱정하는 것은 모든 인간의 숙명입니다. 그런데 우리의 걱정이 윌리스 캐리어의 걱정을 해결하는 3단계 공식으로도 사라지지 않는다면 어떻게 해야 할까요?

만약 여러분이 그런 어려움에 빠진다면 다시 문제 해결의 기초로 돌아갈 수밖에 없습니다. 다음의 기본 3단계를 되짚어 봐야 하지요.

첫째, 사실을 파악한다.
둘째, 사실을 분석한다.
셋째, 결론을 내려 실행한다.

내 말이 선뜻 이해되지 않나요? 그런데 이것은 위대한 철학자 아리스토텔레스도 강조했던 문제 해결 방식입니다. 그럼 그 내용을 구체적으로 설명해 보지요.

우선 첫 단계인 '사실을 파악한다.'입니다.

사실을 파악하는 것이 왜 중요할까요? 그 이유는 우리가 사실을 정확하게 파악하지 못하면 슬기롭게 문제를 해결하려는 시도조차 하지 못하기 때문입니다. 사실을 분명하게 알지 못할 때 우리가 할 수 있는 일은 혼란에 빠져 조바심을 내는 것뿐이지요.

미국 컬럼비아대학 총장으로 22년 동안 재직한 허버트 호크스는 이렇게 말했습니다.

"걱정의 중요한 원인은 혼란입니다. 어떤 결정을 내리는 데 필요한 사실을 제대로 파악하지 못하면 혼란에 빠지게 되고, 그것이 걱정으로 이어지지요. 나는 결정을 내려야 할 중요한 일이 있을 때 괜히 허둥대거나 쓸데없는 걱정을 하며 잠을 설치지 않습니다.

나는 가장 먼저 사실을 파악하는 데 집중할 뿐이지요. 누구든 어떤 결정을 내리기에 앞서 공정하고 객관적인 시각으로 사실부터 파악한다면 불필요한 걱정에 빠질 일이 없습니다."

호크스의 말에서 우리가 눈여겨보아야 할 구절은 "누구든 어떤 결정을 내리기에 앞서 공정하고 객관적인 시각으로 사실부터 파악한다면 불필요한 걱정에 빠질 일이 없습니다."입니다. 어린이 여러분도 이 말을 꼭 기억하기 바랍니다.

다른 예를 하나 들어보겠습니다. 우리가 초등학교 1학년 수학 시간에 배운 대로 '2+2=4'는 틀림없는 사실입니다. 그 사실을 똑바로 파악하지 못해 '2+2=5'라거나 심지어 '2+2=500'이라고 믿는다면 어떤 일이 벌어질까요? 당연히 우리는 좀 더 복잡한 수학 문제의 정답을 찾아낼 수 없습니다. 기본적인 사실조차 알지 못하므로 삶의 이런저런 문제들을 아무것도 해결할 수 없습니다.

그런데 사실을 낱낱이 파악한다고 해서 누구나 그 가치를 제대로 이해하는 것은 아닙니다. 왜냐하면 인간에게는 선입견과 편견이 있기 때문입니다. 쉽게 말해, 사람들은 종종 자기가 보고 싶은 대로 보고 듣고 싶은 대로 듣는 어리석음에 빠진다는 뜻이지요.

그런 자세로는 정확하게 사실을 파악하는 것이 불가능합니다. 우리가 선입견과 편견의 함정에 빠지지 않으려면 이성적 사고와 감정을 분리할 줄 알아야 하지요. 자기 기분 내키는 대로 함부로 판단하지 말라는 것입니다. 그것이 바로 컬럼비아대학 총장 허버트 호크스가 이야기한 '공정하고 객관적인 시각'입니다.

다시 한 번 강조하건대, 제일 먼저 사실을 정확히 파악해야 문제 해결의 길로 바르게 나아갈 수 있습니다. 그것은 물리학 천재 알베르트 아인슈타인도 반드시 지켰던 원칙입니다. 발명왕 토머스 에디슨 역시 자신의 연구에 앞서 관련 사실을 조사해 기록해 놓은 공책을 2천500여 권이나 남겼다는 일화가 있습니다.

두 번째 단계는 '사실을 분석한다.'입니다.

아무리 다양한 사실을 수집해 놓아 봤자, 그 내용을 꼼꼼히 분석하지 않으면 소용없는 일입니다. 한마디로 헛수고라는 말이지요.

그렇다면 사실을 분석하는 첫 걸음은 무엇일까요?

그것은 사실을 자세히 기록하는 것입니다. 그와 같은 행위만으로도 현명한 결정을 내리는 데 도움이 되지요. 미국 출신 과학자 찰스 케터링이 "매우 명쾌하게 제시한 문제는 절반쯤 해결한 것과 다름없다."라고 한 것은 어떤 사실을 정확하고 간결하게 정리하는 중요성을 설명한 말이기도 합니다.

지금까지 내가 한 이야기를 좀 더 이해하기 쉽게 사례를 들어 설명해 볼까요?

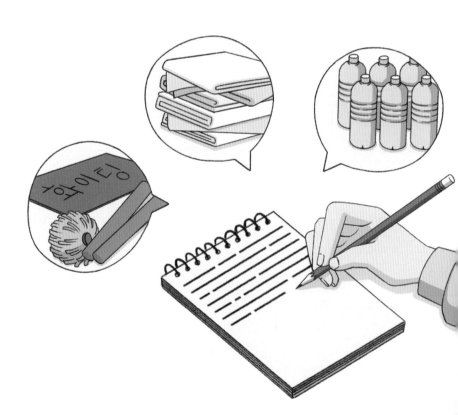

며칠 후, 학교에서 축구 시합이 열립니다. 각 학급의 대표들이 7명씩 나서서 대결하는 것으로 규칙을 정했지요. 그런데 나는 축구 실력이 별로 좋지 않아 학급 대표 7명 안에 들어가기 어렵습니다. 나는 그렇게 사실을 파악했지요.

그 다음에 나는 축구 시합 날 학급 대표 7명 안에 들지 못한 친구들이 할 수 있는 역할을 분석해 보았습니다. 수첩에 친구들의 이름을 차례로 적고 나서 저마다 할 일을 나누었지요. 어떤 친구는 생수 준비를 맡았고, 또 어떤 친구는 선수들이 땀을 닦을 수건을 준비하기로 했습니다. 내가 담당한 일은 응원 반장이었지요.

또 다른 몇몇 친구들과 함께 응원 도구도 미리 만들기로 했습니다. 나는 축구 시합에서 학급 대표가 될 수 있는 친구들과 그렇지 못한 친구들을 먼저 파악한 다음, 그 사실을 근거로 각자의 능력을 분석했지요.

그러면 이제 무엇이 남았을까요? 그것이 바로 세 번째 단계인 '결론을 내려 실행한다.'입니다. 즉, 행동하는 것이지요.

학급 대항 축구 시합 이야기로 계속 설명해 보겠습니다. 사실을 파악하고 분석해 친구들의 역할을 나누었다면, 각자 맡은 바 책임을 다하기 위해 열심히 노력하는 일이 남았겠지요. 선수로 뽑힌 7명은 축구 연습을 해야 하며, 다른 친구들은 이런저런 준비물을 챙기고 응원 연습을 해야 합니다.

아무리 사실을 파악하고 분석해도 그 결론을 행동에 옮기지 않으면 문제는 해결되지 않습니다. 사례로 든 축구 시합의 경우라면, 7명의 선수들이 모여 적극적으로 연습하고 다른 친구들이 저마다 맡은 역할을 충실히 해내야 경기에서 승리할 수 있습니다. 그만큼 행동으로 실천하는 것이 중요하다는 말이지요. 그래야만 사실 파악과 사실 분석도 참다운 의미를 갖게 됩니다.

"결론을 내리고 실행하기로 했으면, 결과에 대한 책임과 염려는 잊어버려야 합니다."

미국 하버드대학교 교수이자 철학자였던 윌리엄 제임스의 이야기입니다.

이 말도 여러분이 반드시 명심할 필요가 있습니다. 어떤 문제에 대한 사실을 파악하고 분석해 결론을 내렸으면 머뭇대지 말고 과감히 실천하라는 뜻입니다. 그리고 일단 행동으로 옮겼으면 쓸데없이 걱정하며 안절부절못하는 어리석을 범하지 말라는 조언입니다.

내가 존경하는 기업인 웨이트 필립스도 비슷한 이야기를 한 적이 있습니다.

"저는 어떤 문제든 지나치게 고민하면 혼란과 걱정만 불러일으킨다는 것을 깨달았습니다. 꼼꼼히 조사하고 분석해 내린 결정이라면, 뒤돌아보지 말고 행동해야 할 때가 있습니다."

나의 생각도 두 사람과 다르지 않습니다. 나는 어린이 여러분이 문제를 해결하는 기본 3단계를 부족하지 않게, 또 넘치지 않게 이해해 꼭 실천하기를 바랍니다.

사실을 제대로 알고, 분석하고, 실행하기!

여러분이 어떤 문제에 맞닥뜨렸을 때, 큰 소리로 외쳐 봐야 할 중요한 규칙입니다.

⟨두 번째 이야기⟩ 걱정을 절반으로 줄이는 방법

이번 이야기는 내가 한 출판 사업가와 상담하면서 느낀 바를 정리한 것입니다. 어린이 여러분의 실생활과는 조금 거리가 있을지 모르나, 이야기 속에 담긴 또 다른 자기관리 규칙을 깨닫게 되기 바랍니다.

또한 '걱정을 절반으로 줄이는 방법'이라는 제목도 문장 그대로 받아들일 필요는 없습니다. 나는 여러분의 걱정을 절반으로 줄여 줄 마법 같은 해결책을 갖고 있지 않습니다. 그 과제를 해낼 수 있는 사람은 내가 아니라 바로 여러분 자신이기도 합니다.

그럼에도 이제 내가 하는 이야기가 여러분의 걱정을 조금이나마 줄이는 계기가 된다면 더 바랄 나위 없겠습니다. 꼭 절반이 아니라 10퍼센트든, 30퍼센트든 여러분에게 도움이 된다면 이 글을 쓰는 목적은 충분히 달성하는 셈입니다.

자, 그럼 출판 사업가에 관한 이야기를 시작해 볼까요?

사이먼앤슈스터는 꾸준히 좋은 책을 만들어 온 출판사입니다. 그동안 베스트셀러도 여럿 탄생시켰지요. 그 회사의 경영 책임자는 레온 심킨이라는 인물입니다. 나는 그와 만나 출판에 관련된 이야기를 나누다가 우연히 "최근 들어 우리 회사의 회의 시간이 75퍼센트나 줄어들었습니다."라는 말을 듣고 좀 더 깊이 대화에 빠져들었지요. 그런 주제는 내가 가장 호기심을 갖는 분야니까요.

"어떻게 회의 시간을 절반 넘게 줄일 수 있었는지 비결이 궁금합니다. 말씀해 주시지요."

나의 부탁에 심킨은 흔쾌히 그동안 있었던 일에 대해 말문을 열었습니다. 그것이 나의 관심사이기는 했지만, 심킨도 그와 같은 변화에 큰 자부심을 느끼는 듯했지요. 그가 약간 들뜬 목소리로 말했습니다.

"나는 지난 15년 동안 거의 매일같이 하루에 반나절씩 회의를 했습니다. 이렇게 할까, 저렇게 할까, 아니면 하지 말아야 할까 토론하며 긴 시간을 보내야 했지요.

그러다 보면 나는 말 그대로 녹초가 되기 일쑤였습니다. 앞으로도 계속 회의나 하며 살아야 한다는 생각이 들면 내 인생이 몹시 따분하게 느껴졌지요.

그렇다고 해서 딱히 변화를 줄 방법도 떠오르지 않았습니다. 아마 그때 누군가 회의 시간의 4분의 3을 줄이라고 충고했다면, 저는 그 사람을 세상 물정 모르는 낙관주의자라고 비난했을 것입니다."

나는 그 당시 심킨의 마음을 충분히 짐작할 수 있었습니다. 많은 사람들이 문제가 있다고 생각하면서도 반복되는 일상에서 쉽사리 벗어나지 못하니까요. 내가 고개를 끄덕이며 이해한다는 표정을 보이자 심킨이 신나게 말을 이었습니다.

"그러던 어느 날, 문득 저의 머릿속에 기발한 아이디어가 떠올랐습니다. 회의에 참석하는 직원들에게 4가지 질문에 대한 답변을 미리 적어 제출하도록 했지요. 그 전에는 회의를 하는 테이블에서 이런저런 안건에 대해 두서없이 토론할 때가 많았거든요.

그러다 보면 가끔은 우리가 어떤 문제에 대해 고민하고 걱정하는지조차 헷갈릴 지경이었습니다. 그런데 그처럼 단순한 변화만으로도 회의 시간이 부쩍 줄어드는 놀라운 변화가 일어났지요. 대화의 품질도 훨씬 좋아졌고요. 그 방법은 나와 직원들에게 일의 능률과 건강은 물론 행복까지 가져다주었습니다."

지금 어린이 여러분은 레온 심킨이 어떤 마법을 부려 회의 시간을 75퍼센트나 줄였을까 궁금하지요? 알고 보면 그 원리는 무척 간단합니다. 앞서 그가 설명한 4가지 질문이 담긴 종이 안에 해답이 있지요.

사이먼앤슈스터 직원들 스스로 4가지 질문에 대한 해답을 정리해 오면서 회의는 매우 빠르면서도 내실 있게 진행됐습니다. 긴 회의 시간에 대한 걱정이 절반 넘게 줄어드는 신기한 변화가 일어났지요. 회의에 참석한 모든 사람들이 정확히 원인을 알고 해결책을 마련해 오니 쓸데없이 시간을 낭비할 이유가 없었습니다.

심킨은 경영 책임자로서 그 의견들을 정리해 결론을 내리면 됐지요.

그럼 심킨이 직원들에게 미리 건넸던 질문지의 내용은 무엇이었을까요? 그가 내게 들려준 이야기를 요약하면 다음과 같았습니다.

☑ 질문 1. 무엇이 문제인가?

· ·

지난날 사이먼앤슈스터 직원들은 진짜 문제가 무엇인지 정확히 모른 채 걱정스런 표정으로 한 시간이고 두 시간이고 회의하며 시간을 보냈습니다. 진짜 문제가 무엇인지 알지도 못하면서 열띠게 토론만 했지요.

☑ 질문 2. 문제의 원인이 무엇인가?

· ·

지난날 사이먼앤슈스터 직원들은 문제의 원인에 대한 분석을 제대로 하지 못했습니다. 무엇이 문제인지조차 모르니 당연한 일이었지만, 구체적인 원인 분석은 시도도 못한 채 서로 뜬구름 잡는 주장만 펼쳤지요.

☑ 질문 3. 문제를 해결할 수 있는 해결책에는 어떤 것들이 있을까?

· ·

지난날 사이먼앤슈스터 직원들은 회의 시간에 걱정만 이야기했습니다. 무엇 무엇이 문제라고 목소리만 높였지, 그것을 해결할 방법에 대한 고민은 거의 없었지요. 그냥 걱정만 할 뿐, 아무도 미리 문제의 해결책에 대해 정리해 오지 않았습니다.

☑ 질문 4. 당신이 생각하는 최선의 해결책은 무엇인가?
· ·

예전에는 회의 때 어쩌다 한 사람이 해결책을 제시하면 서로 꼬투리 잡듯 논쟁만 벌이기 일쑤였습니다. 그러다 보면 너나없이 흥분해 토론 주제에서 벗어난 엉뚱한 이야기를 쏟아내기 바빴지요. 다른 사람의 해결책에 반대만 할 뿐, 문제 해결을 위한 합리적인 대안을 내놓는 사람이 없었습니다.

레온 심킨의 말에 따르면, 그와 같은 방식으로 회의를 하고 나서 사이먼앤슈스터 직원들은 더욱 능동적으로 회사 업무에 참여했습니다. 단지 회의 시간이 크게 줄어든 것만이 아니라, 함께 모여 회의를 하는 진정한 의미를 찾게 된 것이지요.

그것은 정말이지 놀라운 변화였습니다. 별 소득도 없으면서 지루하기 짝이 없던 회의 시간에 대한 걱정이 사이먼앤슈스터에서는 완전히 사라졌으니까요.

나는 심킨을 만난 후 여러 강연에서 '4가지 질문'에 대한 이야기를 주요 소재로 삼고는 했습니다. 얼마 지나지 않아 적지 않은 수강생들이 그 효과를 실감했지요.

그중 한 사람이 미국 최고의 보험왕 프랭크 베트거였습니다. 그는 어떤 문제에 맞닥뜨릴 때마다 스스로 자신에게 4가지 질문을 던졌다고 하지요. 그것을 다시 한 번 정리해 보면서 이번 장의 두 번째 이야기를 마치겠습니다.

어린이 여러분도 하나씩 또박또박 소리 내 따라 읽어 보세요.

☑ 질문 1. 무엇이 문제인가?
....

☑ 질문 2. 문제의 원인이 무엇인가?
....

☑ 질문 3. 문제를 해결할 수 있는 해결책에는 어떤 것들
이 있을까?
....

☑ 질문 4. 내가 생각하는 최선의 해결책은 무엇인가?
....

잠깐, 스스로 생각해봐

■ 여러분의 학급에서 꼭 해결해야 할 문제점들을 떠올려 봐요. 그것을 아래에 하나씩 적어 가면서 문제의 원인이 무엇인지, 최선의 해결책이 무엇인지 판단해 봐요.

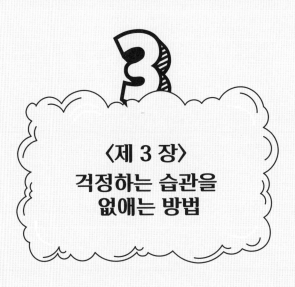

〈제 3 장〉
걱정하는 습관을
없애는 방법

〈첫 번째 이야기〉 바쁘게 일하고 열심히 공부해

"너무 바빠서 걱정할 시간이 없습니다."

이렇게 말한 위인은 윈스턴 처칠입니다. 그는 제2차 세계 대전이 한창일 때 연합국을 이끄는 지도자로서 하루 18시간씩 일에 몰두했지요. 그야말로 눈코 뜰 새 없이 바쁜 나날이었습니다. 사람들은 그의 스트레스가 이만저만 아닐 것이라고 추측했지요.

어느 날 한 기자가 "총리님, 밤낮없이 나랏일을 보시느라 걱정이 참 많지요?"라고 물었습니다. 그러자 처칠이 기자를 바라보며 싱긋 웃더니 그와 같은 대답을 했지요. "너무 바빠서 걱정할 시간이 없습니다."라고요.

프랑스 출신 과학자 루이 파스퇴르에게도 비슷한 일화가 있습니다. 그는 "선생님께는 요즘 어떤 걱정거리가 있나요?"라고 한 제자가 묻자 "내게는 걱정이 없네. 나는 도서관과 연구실에서 한없는 평화를 누린다네."라고 대답했지요. 이 말이 무슨 뜻일까요?

　그것은 파스퇴르 역시 처칠처럼 자기 일에 바쁘게 몰두하느라 머릿속에 걱정이 비집고 들어갈 틈이 없다는 의미였습니다. 실제로 열심히 일하는 연구원들은 신경쇠약에 걸릴 일이 없다고 하지요.

그들은 "쓸데없는 걱정에 빠져 있을 새가 없어요. 그런 시간은 우리에게 사치예요."라고 말한다고 합니다.

굉장히 바쁜 하루 일과에 몰두하느라 걱정을 잊는 원리는 실제로 정신의학에서도 활용하는 치료 방법입니다. 그것을 일컬어 '작업 요법'이라고 하는데, 그 역사가 매우 오래됐지요.

1774년, 필라델피아 시장이 개신교의 한 종파인 퀘이커교에서 운영하는 요양소를 방문한 적이 있었습니다. 그곳에서는 정신 질환을 앓는 환자들이 치료받고 있었는데, 시장이 보기에 도무지 이해할 수 없는 장면이 눈에 띄었지요.

놀랍게도, 환자들이 직접 천을 짜고 염색하느라 이리저리 바쁘게 움직였던 것입니다. 병상에 가만히 누워 있을 환자들의 모습을 상상했던 시장은 깜짝 놀라 요양원 측에 따져 물었지요.

"아니, 불쌍한 환자들의 노동력을 착취하면 어떡합니까?"

그러자 요양원 원장이 시장에게 그 이유를 차분히 설명했습니다.

"시장님, 환자들은 하루에 4시간씩만 일합니다. 그렇게 규칙적으로 바쁜 시간을 보내면서 강박증이나 과대망상 같은 정신적 문제를 잊지요. 또한 자기 자신의 안타까운 현실과 가족들에 대한 걱정에서도 잠시 해방됩니다."

그제야 시장은 요양원의 상황이 이해되어 고개를 끄덕였습니다. 그처럼 수백 년 전에도 이미 병원 등에서 작업 요법을 시행했던 셈이지요.

요즘도 군 병원에서는 전쟁에 참전했다가 다친 군인들에게 다양한 운동이나 취미 활동을 권한다고 합니다. 그 이유 역시 부상 입은 군인들을 '바쁘게 만들어' 전쟁의 나쁜 기억에서 벗어나게 하려는 것이지요.

그렇다면 어떤 일에 바쁘게 매달리는 것이 걱정을 없애는 데 어떻게 도움을 줄까요?

그것은 심리학에서 이야기하는 것으로, 아무리 똑똑한 사람이라 하더라도 한 번에 한 가지 이상 생각하는 것은 불가능하다는 기본적인 법칙 때문입니다. 무슨 말인지 선뜻 이해되지 않는다고요?

그렇다면 실험을 하나 해보지요.

여러분이 의자에 편안히 기대어 눈을 감고 재미있는 게임과 내일 꼭 해야 할 숙제를 동시에 생각한다고 가정해 봐요. 그러면 게임과 숙제를 하나씩 머릿속에 떠올릴 수는 있지만, 절대로 동시에 생각하지는 못한다는 사실을 깨닫게 될 것입니다.

걱정도 다르지 않지요. 어떤 일에 몰두하면서, 그와 동시에 어떤 걱정을 하며 축 늘어져 있는 것은 불가능합니다. 왜냐하면 하나의 감정이 걱정이라는 다른 감정을 몰아내기 때문이지요.

그런데 여기에 문제가 하나 있습니다.

내 친구는 뜻밖의 사고로 아내를 잃었습니다. 그는 한동안 큰 슬픔에 잠겨 고통스러워했지요. 툭하면 끼니를 거르고 잠을 설쳤습니다. 하루가 다르게 얼굴이 수척해졌지요.

그러던 어느 날, 친구는 자기만 바라보는 2명의 자녀에 생각이 미치자 퍼뜩 정신을 차렸습니다. 그날 이후 그는 다시 열심히 직장에 다녔고, 아내가 담당했던 집안일도 척척 해냈습니다.

거기에 아이들 뒷바라지까지 하느라 매일매일 몸이 열 개라도 부족할 지경이었지요. 그러다 보니 아내를 잃은 슬픔을 떠올릴 새가 없었습니다.

그런데 아이들이 어느 정도 자라 하나둘 기숙사가 있는 학교로 떠나고 난 뒤 문제가 나타났습니다. 그 무렵 자연스레 집안일도 줄어들었지요. 직장 생활에도 익숙해져 제법 여유가 생겼습니다. 그러자 친구는 자꾸 아내의 빈자리가 떠올랐지요. 적막한 집 안에 또다시 슬픔이 가득했습니다.

그렇습니다. 사람들은 어떤 일에 몰두할 때 걱정을 잊습니다.

하지만 일이 끝나고 나서는 이전처럼 다시 위험에 빠져들기 십 상이지요. 걱정이라는 우울한 마귀가 되살아나 공격을 시작하는 것입니다. '아, 지금 나는 잘 살고 있나? 다람쥐가 쳇바퀴 도는 것 같은 삶을 사는 것은 아닌가? 친구가 오늘 한 말에 무슨 의도 가 있지 않았을까? 우리 회사가 망하지는 않을까? 내 성적이 과 연 기대만큼 오를 수 있을까?' 같은 잡념이 끊임없이 머릿속을 파고듭니다.

우리가 바쁘지 않을 때 뇌는 진공 상태처럼 변하고는 합니다. 물 리학에서는 자연이 진공 상태를 싫어한다고 가르치지요. 여러분 은 그와 같은 머릿속의 진공 상태를 깨뜨려야 합니다.

전구가 깨지면 비어 있는 공간을 채우기 위해 자연의 공기가 밀려들 듯, 공허해진 머릿속을 평화롭고 행복한 에너지로 채워야 하지요. 그렇지 않으면 여러분의 머릿속이 걱정, 두려움, 증오, 시기, 질투 같은 부정적 감정으로 다시 가득해지기 십상입니다.

컬럼비아대학교 교육학과 교수 제임스 머셀은 이렇게 말했습니다.

"걱정이 여러분을 몰아붙여 지치게 하는 순간은 일할 때가 아니라 휴식하고 있을 때입니다. 아무 일 없이 멍하니 있을 때 여러분의 상상력은 미친 듯 날뛰면서 모든 종류의 그릇된 가능성까지 불러들이지요. 그러면 자신의 조그만 실수도 과장하게 됩니다.

그때 여러분의 정신은 비정상적으로 작동하는 기계의 모터와 같습니다. 그렇게 시간이 더 흐르면 모터가 과열되어 기계가 망가지게 마련이지요. 쓸데없는 걱정을 하지 않으려면 생산적인 일에 완전히 몰두해야 합니다."

지금까지 나의 이야기를 열심히 읽은 어린이라면 이 말의 의미를 단박에 알아차렸을 것입니다. 꼭 대학 교수라야 그런 생각을 하게 되는 것은 아니니까요.

우리 모두는 일상생활을 하면서 어떻게 해야 걱정을 줄일 수 있는지 스스로 깨닫고는 합니다. 다만 그것을 실천에 옮기는 것이 쉽지 않고, 또 몰두하던 일을 끝마쳤을 때 다시 진공 상태가 되어 버리는 감정 관리를 잘해야 한다는 과제가 남지요.

어린이 여러분, 이번 장 첫 번째 이야기를 열면서 내가 전한 윈스턴 처칠의 말을 다시 한 번 옮겨 보겠습니다.

"너무 바빠서 걱정할 시간이 없습니다."

이제 이 말의 의미가 더욱 강렬하게 다가오지 않나요? 작가 존 쿠퍼 포이즈 역시 자신의 책 『불쾌한 일을 잊는 기술』에서 이렇게 주장했습니다.

'어떤 일에 몰두할 때 마음의 안정, 내면의 평화, 나아가 행복이 찾아온다. 이 감정이 인간의 삶에서 쓸데없는 걱정을 지워 준다.'

또한 아일랜드 극작가 조지 버나드 쇼도 같은 의미의 말을 남겼지요.

"당신이 지금 괴로워하는 것은 행복한지 불행한지 고민할 여유가 있기 때문이다."

곰곰이 돌이켜보면, 어린이 여러분도 열심히 공부할 때는 머릿속의 걱정거리가 잊히는 경험을 한 적이 있지 않나요? 바로 그 기억을 떠올리면 앞서 이야기한 포이즈와 쇼의 말이 어떤 의미인지 정확히 알 수 있을 것입니다.

그럼 이번 이야기를 마치면서 다시 한 번 강조하겠습니다.

여러분 모두 행복한지 불행한지 굳이 생각하려고 애쓰지 마십시오. 그 대신 몸을 바쁘게 움직이세요. 몸을 움직이면 머릿속의 혈액 순환까지 원활해져 삶의 긍정 에너지가 걱정을 몰아낼 것입니다.

바쁘게 일하고, 열심히 공부하세요. 그것이 세상에서 가장 값싸고 가장 효과적인 걱정 치유의 명약입니다.

⟨두 번째 이야기⟩ 딱정벌레에게 무릎 꿇지 마

이번 이야기의 제목은 상징적입니다. 두 번째 이야기를 끝까지 읽다 보면 제목에 담긴 의미를 이해할 수 있지요. 자, 그럼 다시 책 속으로 여행을 떠나 볼까요?

나는 얼마 전 제2차 세계 대전에 참전했던 로버트 무어의 인터뷰 기사를 읽었습니다. 그는 잠수함 승무원이었는데, 어느 날 일본군의 공격을 받게 됐지요. 당시 그는 극심한 죽음의 공포를 느끼면서 일상생활의 숱한 걱정들이 얼마나 쓸데없는 것인지 실감했다고 합니다.

그의 말을 옮겨 보면 다음과 같습니다.

"잠수함에는 모두 88명의 승무원이 타고 있었습니다. 우리가 먼저 일본의 기뢰 부설함을 발견해 어뢰 공격을 시작했지요. 하지만 안타깝게 어뢰 공격은 실패로 끝났고 일본군이 곧장 반격해 왔습니다.

우리는 서둘러 잠수함을 깊은 바다 속으로 가라앉히려 했지만 적의 폭뢰 공격에 무참히 당하고 말았지요. 곳곳이 파손되어 금방이라도 잠수함이 폭발할 지경이었습니다.

냉각 장치가 망가져 실내 온도가 40도까지 치솟았는데도 온몸이 덜덜 떨렸지요. 이대로 죽는구나 싶어 숨조차 제대로 쉬어지지 않았습니다. 아, 죽음의 공포가 얼마나 크게 다가오던지요.

그런데 몇 시간 만에 다행히 일본군의 공격이 끝났습니다. 아마도 폭뢰를 다 써서 일본의 기뢰 부설함이 돌아간 듯한데, 덕분에 우리는 가까스로 목숨을 건졌지요. 그러자 이제 살았다는 안도감과 함께 그동안 살아온 저의 인생이 주마등처럼 스쳐 지나갔습니다. 그중에는 제가 군인이 되기 전 가졌던 걱정들이 얼마나 하찮은 것이었나 하는 생각도 있었지요.

그랬습니다. 저는 집을 사지 못했다고, 번듯한 자동차가 없다고, 식구들에게 근사한 외식 한번 시켜 주지 못했다고 걱정이 끊이지 않았지요.

툭하면 잔소리하는 엄마에게 짜증을 냈고, 별것 아닌 일로 친구들과 말다툼을 벌이기도 했습니다. 아침에 눈 떠서 저녁에 잠자리에 들 때까지 온갖 걱정과 감정의 소용돌이를 겪었지요. 그런데 전쟁에 참전해 죽음의 공포에 맞닥뜨려 보니 그 모든 것이 얼마나 하찮은 것인지 깊이 깨닫게 되었습니다. 저는 그날 죽지 않아 태양과 별을 다시 볼 수만 있다면 절대로 사소한 걱정 따위는 하지 않겠다고 스스로에게 다짐했습니다."

나는 무어의 인터뷰 기사를 흥미진진하게 읽었습니다. 그의 말은 일상생활의 자질구레한 걱정들이 실은 얼마나 대수롭지 않은 것인지 분명히 가르쳐 주지요.

이쯤에서 내 친구 호머 크로이의 사례를 덧붙여 보겠습니다. 그는 뉴욕에서 작가로 활동하는데, 겨울만 되면 난방용 기기인 라디에이터 소리 때문에 스트레스가 매우 크다고 불평했지요. 가을바람이 불기 시작할 때부터 그의 걱정이 서서히 시작된다고 해도지나친 말이 아니었습니다. 그런데 그가 친구들과 캠핑을 다녀오고 나서 뜻밖의 이야기를 했지요.

"캠핑 간 날 저녁, 나는 의자에 가만히 앉아 이글거리는 불 속에서 나무 장작이 타는 소리를 들었어. 그러다가 문득 그것이 우리집 라디에이터 소리와 비슷하다고 느껴지더군.

그런데 나는 왜 나무 타는 소리는 즐기면서 라디에이터 소리는 소음으로만 여겼을까, 하는 생각이 들더라고. 이튿날 집으로 돌아온 나는 라디에이터 소리를 듣고도 더는 짜증을 내거나 걱정하지 않았어. 그냥 캠핑 때의 나무 장작 타는 소리를 떠올리며 편안히 잠자리에 들었지. 단지 생각을 좀 달리 하는 것만으로도 걱정거리를 없앤 놀라운 경험이었지 뭐야."

내가 앞서 옮긴 로버트 무어의 경험담은 일상생활의 사소한 걱정들이 실은 얼마나 하찮은 것인지 설명하고 있습니다. 아울러 내 친구 호머 크로이의 사례는 그러한 걱정들이 생각하기에 따라 아무것도 아니라는 사실을 말해 주지요. 두 사람의 이야기 모두 사람들의 걱정이 사실은 그것을 터무니없이 심각하게 생각하며 노심초사하는 우리의 잘못된 습관에서 비롯된다는 것을 깨닫게 합니다.

"부부 간의 불화는 대부분 사소한 의견 차이가 만듭니다. 그것이 서로에게 걱정거리가 되고, 끝내 더 큰 싸움으로 번지지요."

이혼 담당 판사 조셉 차베스의 말입니다. 어디 부부 간의 불화만 그럴까요. 친구 간의 다툼과 가족 간의 갈등도 알고 보면 작은 의견 차이와 사소한 걱정에서 시작됩니다. 우리는 다른 사람의 생각이 나와 다를 수 있다는 것을 자주 망각하며, 사소하고 쓸데없는 걱정으로 상대방과 충돌을 일으키기 일쑤지요.

영국의 정치가 벤저민 디즈레일리는 "인생은 사소한 일에 신경 쓰기에 너무 짧다!"라고 말했습니다. 프랑스 작가 앙드레 모루와의 생각도 다르지 않았지요. 그 역시 다음과 같은 말을 남겼습니다.

"우리는 그냥 무시하고 잊어버려도 괜찮을 사소한 것들에 너무 쉽게 화를 냅니다. 인생은 짧은데, 그 소중한 시간을 쓸데없는 걱정을 하느라 낭비하지요. 우리는 인생을 가치 있는 행동과 감정, 위대한 사상과 진실한 애정, 지속적인 과업에 바쳐야 합니다. 우리의 삶은 사소한 일에 신경 쓰기에 너무나 짧습니다."

나는 어린이 여러분이 디즈레일리와 모루와의 말을 반복해서 소리 내어 읽어 보기 바랍니다. 그만큼 두 사람의 말은 우리에게 전하는 교훈이 크지요.

자, 그럼 이제 어린이 여러분에게 이번 장 두 번째 이야기의 제목이 어떤 뜻을 담고 있는지 설명해야겠군요. 얼핏 우화 같은 아래 이야기는 해리 에머슨 포스딕 목사가 내게 들려준 것입니다.

"콜로라도 롱스피크에는 얼마 전 거대한 나무 한 그루가 쓰러져 죽었습니다. 식물학자들은 그 나무가 대략 400년은 살았을 것이라고 추측하지요. 그러니까 그 나무는 콜럼버스가 아메리카 대륙에 첫 발을 내디뎠을 때나 청교도들이 플리머스에 정착했을 때도 이 땅에서 꿋꿋이 자라나고 있었던 것입니다.

그 나무는 400년을 살아오면서 벼락에 맞은 적이 열네 번이나 되고, 수많은 산사태와 폭풍우를 온 몸으로 견뎌 냈지요. 그럼에도 절대 쓰러지지 않고 묵묵히 제자리를 지켰던 것입니다. 아마도 그 일이 없었다면 나무는 수백 년을 더 살았을지 모르지요. 바로 그 일, 딱정벌레 한 무리의 공격 말입니다. 처음에는 작은 딱정벌레 몇 마리가 나무에 몰려와 이곳저곳 갉아먹기 시작하더니 결국 모든 줄기를 병들게 했지요.

가지마다 속이 텅 비어 버린 아름드리나무는 어느 날 아침 땅바닥에 풀썩 쓰러져 버렸습니다. 작은 딱정벌레들의 끊임없는 공격이 온갖 시련을 이겨 내며 400년이나 살아온 나무를 단박에 죽이고 말았지요. 아무 힘도 없어 보이는 사소하고 미약한 딱정벌레의 위력이 그만큼 대단한 것입니다."

어린이 여러분, 인간을 400년이나 자란 커다란 나무에 비유하면 이 이야기의 속뜻을 헤아릴 수 있습니다. 물론 딱정벌레는 작고 사소한 걱정거리들을 가리키고요.

이 이야기는 아무리 폭풍우나 눈사태, 천둥 번개 같은 인생의 큰 고비를 견뎌 내더라도 작고 사소한 걱정거리들을 슬기롭게 없애지 못하면 한순간에 삶이 무너져 버릴 수 있다는 경고입니다. 우리의 인생을 절대로 딱정벌레에게 굴복 당하게 해서는 안 되겠지요?

<세 번째 이야기> 걱정이 현실이 될 확률을 따져 봐

나는 어린 시절 미주리 주의 농장에서 자랐습니다. 학교에 다니면서도 틈날 때마다 부모님의 일을 도와야 했지요. 어느 날 나는 엄마가 체리 따는 것을 거들다가 갑자기 울음을 터뜨렸습니다. 엄마가 깜짝 놀라며 내게 다가왔지요.

"데일, 무슨 일이니? 왜 우는 거야?"
"엄마…… 누가 나를 저기 보이는 산속에 생매장하면 어떡해?"

나의 말에 엄마는 어처구니없다는 표정을 지었습니다. 당연한 반응이었지요. 10살 남짓한 어린아이의 입에서 나올 수 있는 소리가 아니었으니까요.

하지만 그 시절의 나는 분명 그런 공포를 느꼈습니다. 누가 어린아이답지 않다며 꾸짖는다고 한들 머릿속에 자연스럽게 떠오르는 걱정을 막을 방법이 없었지요.

당시 나는 비바람이 불면 벼락에 맞아 죽지 않을까 걱정했고, 집안 형편이 어려워지면 먹을 것이 없을까 봐 걱정했습니다. 훗날 죽고 나면 지옥에 가지 않을까 걱정하기도 했고요. 어디 그뿐인가요. 나중에 청년이 되었을 때 결혼할 여자가 없을까봐 걱정했고, 결혼식이 끝난 후에는 아내에게 가장 먼저 무슨 말을 해야하나 걱정했지요. 지금 돌이켜 보면 도무지 알다가도 모를 복잡한 아이였습니다.

그런데 나는 세월이 흐르면서 걱정하던 일의 99퍼센트는 절대로 현실에서 일어나지 않는다는 것을 깨달았습니다. 솔직히 깨달음이라고 하기도 민망한 당연한 이야기지요.

예를 들어 미국국립기상청의 통계에 따르면, 사람이 80년을 산다고 가정할 때 평생 벼락에 맞을 확률은 1만5천300분의 1이라고 합니다. 사람이 살다가 누군가에게 생매장당할 확률은 그보다도 훨씬 낮을 테고요. 그러니까 어린 시절 내가 했던 대부분의 걱정은 쓸데없는 망상이었던 것입니다.

물론 지금까지 내가 고백한 여러 걱정을 어린 시절의 해프닝이라며 웃어넘길 수도 있습니다. 하지만 나를 비롯해 많은 사람들이 성인이 되고 나서도 그와 비슷한 터무니없는 걱정에 빠져들어 문제지요.

그럴 때마다 우리가 명심해야 할 것은 '평균율의 법칙'입니다. 여기서 내가 말하는 평균율의 법칙은 그 사건이 실제로 일어날 평균의 확률을 의미합니다.

앞서 예로 든 번개 맞을 확률의 경우, 한 사람이 80년 동안 살아도 그 사건의 당사자가 될 1만5천300분의 1이라는 가능성이 바로 평균율이지요. 그러므로 평균율의 법칙에 따라 나의 걱정이 얼마나 현실성이 있나 따져 봐야 한다는 뜻입니다.

그 결과 내가 걱정하는 일이 벌어질 확률이 크게 낮다면 조바심을 낼 필요가 없고, 그러면 걱정의 90퍼센트는 충분히 없앨 수 있다는 말이지요.

나는 석 달 전에 샌프란시스코에서 온 샐린저 부인을 처음 만나 이야기를 나누었습니다. 그날 그녀는 어떤 사업 관계로 나를 찾아왔지요. 그녀의 첫인상은 매우 품위 있어 보였습니다. 인생을 살면서 이렇다 할 고난을 겪지 않은 듯 평화로운 인상이었지요. 내가 분위기를 부드럽게 만들기 위해 웃으며 말했습니다.

"부인께서는 참 슬기로운 분 같습니다. 쓸데없는 걱정 따위는 하시지 않을 것 같군요."

그러자 부인이 고개를 가로저으며 손사래까지 쳤습니다.

"제가 그렇게 보이시나요? 저는 한때 이런저런 걱정 때문에 살까지 쪽 빠질 지경이었는걸요. 걱정이 제 인생을 완전히 무너뜨릴 뻔했지요."

그녀는 내가 앞에 놓아 둔 홍차를 한 모금 들이켠 다음 말을 이었습니다.

"얼마 전만 해도 저는 쉽게 화를 내고 성격이 급했습니다. 극심한 긴장 속에서 살았으니까요. 마트에서 쇼핑하면서도 안절부절못하기 일쑤였지요. '집 안의 가스 밸브를 잠그지 않았으면 어떡하지? 다리미 전원을 끄지 않고 그냥 밖으로 나온 것 아닌가? 아이들이 자전거를 타고 놀 텐데 교통사고라도 나면 어떡해?' 뭐, 그런 걱정을 하느라 얼빠진 사람처럼 허둥대다 갑자기 식은땀을 흘리며 마트 밖으로 뛰쳐나가기도 했지요.

그리고는 아무 일도 없나 확인하러 집으로 냅다 달려갔어요. 걱정을 극복하는 방법을 깨닫기 전까지, 거의 11년 동안 그렇게 제가 스스로 만든 지옥에서 살았지요.

"그럼 대체 어떤 계기로 걱정을 극복하셨나요?"

나는 샐린저 부인의 말에 점점 흥미를 느꼈습니다. 걱정을 극복하는 문제는 나의 주요 관심사 중 하나였으니까요. 그녀의 대답은 평소 내가 해오던 생각과 정확히 일치했습니다.

"어느 날 제가 다시 이런저런 걱정으로 힘들어하자 남편이 조심스럽게 말하더군요. '잠시 진정해 봐. 당신이 정말로 걱정하는 것이 뭐야? 평균율의 법칙에 따라, 그 일이 실제로 일어날 확률이 얼마나 되는지 한번 살펴볼까?'라고요. 남편의 다정한 충고에 저는 정신이 번쩍 들었습니다. 평균율의 법칙에서 보면 제가하는 대부분의 걱정은 그냥 무시해도 좋을 것이었으니까요."

나는 샐린저 부인을 만난 뒤 강연 등을 통해 기회 있을 때마다 평균율의 법칙을 이야기했습니다. 그것이 사람들의 걱정을 없애는 효과적인 방법이라는 것에 확신을 가졌지요.

사실 오래전부터 사람들의 걱정은 돈벌이의 좋은 수단이 되어 왔습니다. 우리 주위의 숱한 보험 회사들이 사람들의 걱정을 이용해 큰 기업으로 성장했지요. 보험 회사들은 소비자들이 걱정하는 일이 거의 일어나지 않는다는 점을 잘 알고 있습니다. 그러니까 평균율의 법칙으로 소비자들과 일종의 내기를 하는 것이지요. 사람들이 재난에 대비해 갖가지 보험에 가입하지만, 평균율의 법칙에 따라 그 재난이 실제로 일어날 확률은 결코 높지 않습니다.

"걱정과 불행은 현실이 아니라 상상에서 온다."

이것은 미국 서부 개척 시대의 이름난 장군이었던 조지 크룩의 말입니다. 나의 삶을 되돌아보아도 대부분의 걱정이 불필요한 상상에서 비롯되었다는 것을 인정할 수밖에 없지요.

그러므로 만약 어떤 걱정이 여러분의 머릿속을 어지럽힌다면, 그것이 실제로 현실이 될 확률을 꼭 따져 볼 필요가 있습니다.

〈네 번째 이야기〉 피할 수 없으면 받아들여

나의 어린 시절 이야기를 하나 더 들려주겠습니다.

어느 날 나는 친구들과 숲속에 버려져 있던 폐가에 가서 놀았습니다. 얼마나 시간이 흘렀을까요. 해가 뉘엿뉘엿하자 나는 그만 놀고 집으로 돌아가야겠다고 생각했습니다. 그때 나는 폐가의 다락방에 있었는데, 거실을 통해 밖으로 나가기 귀찮아 그곳에서 풀쩍 뛰어내렸지요. 그러다가 그만 손가락이 나무 틈새에 끼어절단되는 사고가 벌어졌습니다.

"으악!"

나의 비명 소리에 친구들이 몰려들었지만 달리 어떻게 해 볼 도리가 없었습니다. 가까스로 병원으로 가기는 했으나 잘린 손가락을 다시 붙일 수는 없었지요. 겨우 상처만 봉합한 나의 손가락을 쳐다보며 부모님의 눈에 눈물이 고였습니다.

그런데 신기하게, 나는 청소년기를 지나면서 손가락이 4개만 남은 한쪽 손에 별로 신경 쓰지 않았습니다. 어느 때는 몇 달이 지나도록 내 손가락을 유심히 바라보지도 않았지요.

어쩌면 나는 일찌감치 걱정이 가져다주는 고통에서 벗어나려고 했는지 모르겠습니다. 그 사고 역시 뒤늦게 걱정해 봤자 아무 소용없는 일이었으니까요.

그런데 그와 같은 사고방식을 나만 특별히 갖고 있는 것은 아닙니다. 많은 사람들이 어떤 고난 앞에서 나처럼 흔쾌히 주어진 상황을 받아들이고는 하지요. 아마도 개인의 성격에 따라 다르겠지만, 인간에게는 힘든 일을 순순히 받아들여 자기의 삶을 더 이상 무너지지 않게 하려는 본능이 있는 듯합니다.

'원래 그런 것이다. 달리 방법이 없다.'

이것은 15세기에 지어진 네덜란드 암스테르담의 한 성당에 적혀 있는 글귀입니다.

우리는 인생을 살아가면서 너나없이 여러 가지 고난에 맞닥뜨리게 됩니다. 그 상황에서 인간이 선택할 수 있는 길은 크게 두 가지가 있지요. 하나는 그것을 피할 수 없다고 생각해 기꺼이 받아들이는 것이고, 다른 하나는 끝까지 반발하며 몸부림쳐 몸과 정신을 파괴의 구렁텅이로 몰아넣는 것입니다.

여러분이라면 어느 쪽을 선택하겠습니까? 철학자 윌리엄 제임스는 다음과 같이 조언했습니다.

"그대로 받아들여라. 상황을 있는 그대로 받아들이는 것이야말로 불행한 결과를 극복하는 첫 번째 방법이다."

어린이 여러분은 윌리엄 제임스의 말에 동의하나요?

1910년부터 1936년까지 영국 왕실을 이끌었던 국왕 조지 5세도 '원래 그런 것이다. 달리 방법이 없다.'라는 삶의 태도를 가졌습니다. 그는 매일 밤마다 "달을 따 달라고 울지 말고, 이미 엎질러진 물을 아쉬워하지 않도록 해 주소서."라고 기도했지요. 독일 철학자 아더 쇼펜하우어도 다르지 않았습니다. 그 역시 "절망 앞에서 깨끗하게 단념하는 것이야말로 인생이라는 여정을 나아가는 데 가장 중요한 덕목이다."라고 말했으니까요.

어린이 여러분에게는 좀 어렵게 들릴지 모르나, 환경이 우리를 행복하게 하거나 불행하게 하지는 않습니다. 환경에 반응하는 우리의 태도가 그런 감정을 결정할 뿐이지요. 예수님은 『성경』에서 천국과 지옥이 모두 우리의 마음 안에 있다고 말했습니다. 그것은 고난 앞에서 자기의 마음을 다스릴 능력을 우리가 이미 갖고 있다는 의미지요. 그와 같은 내면의 힘으로 인간은 자신에게 닥친 여러 걱정거리를 충분히 이겨 낼 수 있습니다.

그럼에도 이렇게 말하는 나 역시 과거에는 어떤 상황을 받아들이지 않으려고 발버둥친 적이 있습니다. 나는 어리석게 끝까지 저항하려고 했지요. 그러자 곧 불면증에 시달려 밤이 지옥으로 변해 버렸습니다. 내가 원하지 않는 일들이 잇달아 일어났지요. 나는 도저히 상황을 바꿀 수 없다는 것을 알았지만, 한심하기 짝이 없게 굳이 하지 않았어도 될 고생을 했습니다. 아, 그때 나는 월트 휘트먼의 시를 되새겨야 했지요.

나무와 동물들이 그러하듯
어두운 밤, 폭풍, 배고픔, 조롱, 사고, 냉대를
나도 그렇게 맞이할 수 있기를.

휘트먼이 이야기했듯 나무와 동물들은 어두운 밤, 폭풍, 배고픔, 조롱, 사고, 냉대 따위를 부정하며 몸부림치지 않습니다. 나무와 동물들은 자기가 어찌지 못할 운명 앞에서 화를 내거나 걱정하지 않지요. 따라서 그들은 신경쇠약에 걸리거나 위궤양을 앓지 않습니다.

그런데 어린이 여러분, 절대로 나의 말을 오해하면 안 됩니다. 혹시 내가 지금 여러분에게 고난이 닥치면 무조건 굴복하라고 주장하는 것 같나요?

아니요, 결코 그렇지 않습니다. 그런 삶의 태도는 바람직하지 않지요. 우리는 당연히 나쁜 상황을 개선하기 위해 열심히 노력해야 합니다. 한두 번 좌절했다고 쉽게 포기하면 안 됩니다. 하지만 내 말은 상황 파악을 냉철하게 하라는 것이지요.

상식적이고 객관적으로 내가 맞닥뜨린 상황을 도저히 변화시킬 수 없다면, 그것을 있는 그대로 받아들이려는 마음가짐이 필요하다는 뜻입니다. 나무와 동물들처럼 말이에요.

어린이 여러분은 자동차 타이어가 도로에서 어떻게 충격을 견디는지 생각해 본 적 있나요? 처음에 그것을 개발한 제조업자들은 도로의 충격에 저항하는 타이어를 만들었습니다.

그랬더니 이내 타이어가 갈기갈기 찢어지고 말았지요. 그래서 그들은 연구를 거듭해 다음에는 도로의 충격을 흡수하는 타이어를 만들었습니다. 놀랍게도, 그 타이어는 도로의 충격을 오랜 시간 견뎌 냈지요.

우리의 인생을 자동차 타이어에 비유해 보면 삶의 자세가 어떠해야 하는지 알 수 있습니다. 우리는 도로의 충격에 저항하는 타이어가 아니라, 도로의 충격을 흡수하는 타이어처럼 인생을 살아가야 하지요. 그래야만 행복한 삶을 살 수 있는 것입니다. 만약 우리가 도로의 충격에 저항하는 타이어처럼 살아간다면, 엄연한 현실을 거부하다가 걱정하고 긴장하고 지쳐 결국 삶의 패배자가 되기 십상입니다.

"행복으로 가는 단 하나의 방법이 있다. 인간의 의지를 벗어나는 일은 걱정하지 않는 것이다."

철학자 에픽테토스의 말입니다. 여기에 덧붙여 미국 뉴욕의 유니언신학교 교수였던 라인홀드 니버의 기도문을 옮겨 보겠습니다. 어린이 여러분이 기독교 신자가 아니라 하더라도 이 기도문을 가슴 깊이 새겨 두기 바랍니다.

주여 제게 허락하여 주소서.
바꾸지 못할 것을 받아들이는 평온한 마음,
바꿀 수 있는 것을 바꿀 수 있는 용기,
이 둘을 구별하는 지혜를 허락하여 주소서.

⟨다섯 번째 이야기⟩ 걱정은 손해를 보더라도 팔아 버려

미국 뉴욕 맨해튼 남쪽에 '월 가'가 있습니다. 그곳은 금융 회사가 밀집한 지역이라 증권사도 무척 많지요. 어린이 여러분은 익숙하지 않겠지만, 증권사를 통한 주식 거래는 자본주의를 상징한다고 해도 지나친 말이 아닙니다.

나는 우연한 기회에 월 가에서 투자 전문가로 일하는 찰스 로버트를 만났습니다. 그는 성공한 투자 전문가가 되기 전까지 자신이 겪었던 고난을 이야기해 주었지요.

주식 투자에 관한 용어 탓에 여러분이 이해하기 어려운 부분이 있겠지만 꼼꼼히 읽다 보면 분명 깨닫는 바가 있을 것입니다. 로버트는 이렇게 말문을 열었습니다.

"저는 처음 뉴욕에서 3만 달러를 갖고 주식 투자를 시작했습니다. 그러나 딱 두 달 만에 돈을 전부 날리고 말았지요. 중간에 몇 번 이익을 내기도 했지만, 손실이 훨씬 컸으니까요. 저는 주식 투자 요령을 잘 알고 있다고 생각했지만 착각이었습니다. 주식 투자는 감이나 운으로 하는 것이 아니라는 사실을 뼈저리게 느꼈지요. 또한 남이 들려주는 소문이나 정체불명의 정보에 의존해서는 안 된다는 것도 실감했고요."

나는 찰스 로버트의 이야기가 낯설지 않았습니다. 그동안 나를 찾아와 상담했던 많은 사람들이 무모하게 주식 투자에 뛰어들었다가 큰 손해를 봤으니까요. 그런데 로버트는 다행히 금세 자신의 문제를 깨닫고 해결책을 모색했습니다.

"저는 몇 날 며칠 궁리한 끝에 주식에 대해 제대로 공부해 보기로 결심했습니다. 여기저기 수소문해 유명한 투자 전문가 버튼 슐츠를 만날 수 있었지요. 저는 그의 명성이 행운에서 온 것이 아니라는 것을 금방 알아챘습니다. 그는 주식 투자에서 가장 중요한 원칙을 제게 들려주었지요."

"그게 뭔가요? 궁금하네요."

내가 호기심을 보이자 찰스 로버트의 목소리가 조금 커졌습니다. 그는 다음과 같이 말을 이었지요.

"슐츠가 이렇게 말하더군요. '나는 어떤 주식을 거래하든, 미리 정해 놓은 비율만큼 손해를 보면 당장 팔아치우는 손절매 조항을 반드시 달아놓는다네. 예를 들어 내가 1주에 50달러짜리 주식을 사면, 45달러가 될 경우 즉시 손절매한다는 원칙을 세우는 거지.' 그러니까 그의 말은 매수한 주식이 10퍼센트 하락하면 곧바로 매도해 더 이상 손실을 보지 않게 한다는 뜻입니다.

그가 계속 조언했지요. '거래가 잘 되면 이익은 평균 10퍼센트, 25퍼센트, 때로는 50퍼센트에 달할 때도 있을 거야. 결과적으로, 손실을 5퍼센트로 제한하면 거래에서 절반 이상 실패해도 여전히 많은 돈을 벌 수 있지 않겠나?'라고요.

그날 이후 저는 그 원칙을 철저히 지키고 있습니다. 그래서 지금은 월가에서 성공한 투자 전문가로 인정받고 있지요. 이제는 저를 믿고 돈을 맡기는 고객들도 아주 많습니다."

나는 찰스 로버트의 극적인 변화에 진심으로 박수를 보냈습니다. 그런데 그의 다음 이야기는 더욱 가슴에 와 닿았지요. 그가 말했습니다.

"저는 버튼 슐즈에게 배운 원칙을 주식 투자에만 한정하지 않았습니다. 시간이 좀 더 흐르면서, 그에게 배운 손절매를 일상생활에도 폭넓게 적용했지요. 그러자 정말 마법 같은 일이 일어나지 뭡니까. 저를 괴롭히는 온갖 걱정을 비롯해 성가시기 짝이 없는 일과 화나는 일 등에 손절매 주문을 하자 곧 마음에 평화가 찾아왔습니다. 쓸데없는 일에 감정을 낭비하지 않으니 주식 투자에 더욱 집중할 수 있었지요."

나는 찰스 로버트와 만나고 나서 '손절매'라는 단어를 잊지 않았습니다. 나 역시 그런 삶의 태도를 갖기 위해 노력했지요.

예를 하나 들어 볼까요?

내 친구 중에는 약속 시간을 잘 지키지 않는 나쁜 버릇을 가진 사람이 있습니다. 나는 그와 약속을 잡았다가 번번이 스트레스를 받고는 했지요. 그런데 손절매를 명심하면서 그와 같은 스트레스에서 벗어나게 됐습니다. 그게 무슨 말이냐고요?

어느 날 나는 그 친구에게 단호히 말했습니다. "빌, 자네를 기다리는 손절매 기준은 정확히 20분이야. 자네가 20분이 지나도 오지 않으면 점심 약속은 물 건너간 줄 알아. 나는 그냥 돌아갈 거야."라고요. 그러자 신기하게 친구가 약속 시간에 늦어도 화가 나지 않았습니다. 그가 나타나지 않으면, 20분 후 사무실이나 집으로 돌아오면 그만이었으니까요. 또 그러다 보니 그 친구도 이전보다는 훨씬 약속 시간을 잘 지켰습니다.

그제야 나는 지난날이 좀 후회됐습니다. 내가 오래전부터 이런저런 걱정과 분노에 대해 손절매 주문을 했더라면 얼마나 좋았을까, 하는 마음이 들었기 때문입니다. 내 마음의 평화를 위협하는 상황을 제대로 판단해 "이봐, 데일 카네기! 이번 일에 대해서는 딱 이 정도만 신경 쓰면 충분해. 그 이상은 절대 안 돼."라고 스스로 생각할 줄 알았더라면 참 좋았겠다 싶었던 것이지요.

전 세계 위인들 중에는 감정의 손절매 원칙을 철저히 지킨 사람들이 적지 않습니다. 그중 대표적 인물이 미국의 제16대 대통령 에이브러햄 링컨이지요. 남북 전쟁이 한창일 때, 링컨의 친구들이 찾아와 대통령을 비난하는 사람들을 마구 욕했습니다.

그들 깐에는 친구인 링컨을 위한답시고 한 이야기였지요. 그러자 링컨이 슬쩍 미소 지으며 말했습니다.

"허허, 자네들이 나보다도 그 사람들에게 원한이 더 심한 것 같군. 하기야 자네들 말마따나 나를 비난하는 사람들에게 내가 너무 점잖게 구는지도 몰라. 하지만 나를 비난하는 사람들에게 크게 분노하는 것이, 대통령으로서나 한 인간으로서나 그럴 만한 가치가 있는 일이라고 생각하지 않네. 길지 않은 우리의 인생을 쓸데없는 싸움에 낭비할 필요는 없지 않겠나? 어느 누구의 비난이라 하더라도 그것이 내게 치명적인 해를 입히지 않는다면 별일 아닌 것으로 생각하는 편이 낫다고 믿네."

링컨의 말에 친구들은 더 이상 험한 소리를 입에 담지 못했습니다. 링컨은 불필요한 감정을 손절매할 줄 아는 슬기로운 사람이었지요.

제1장에서 언급했던 『월든』의 작가 헨리 데이비드 소로우도 마찬가지였습니다. 그는 자신의 일기에 '어떤 일의 가치는 거기에 들인 시간으로 판단한다.'라고 적었습니다.

그 글귀에는 우리가 어떤 일에 지나치게 시간을 소비하면 안 된다는 교훈이 담겨 있지요. 따라서 걱정과 분노 같은 것에도 적절한 감정 소비가 필요하다는 뜻입니다. 그의 말 역시 감정 소비가 지나치지 않게 손절매할 줄 알아야 한다는 것이지요.

어린이 여러분, 큰 소리로 '손절매'라는 단어를 한번 따라해 보세요. 주로 주식 투자에 쓰이는 용어라 낯설겠지만 그 의미만큼은 분명히 기억해야 합니다. 여러분이 어떤 걱정이나 분노에 지나치게 휩싸일 때 "이 문제에 대해서는 이만 손절매 주문을 내자. 이깟 일로 괜히 나의 삶을 낭비하면 안 돼!"라고 되뇌어 보도록 해요. 그것이 곧 마음의 평화를 얻는 지름길이니까요.

마음이 평화로워야 여러분이 진정으로 바라는 일에 집중할 수 있으니까요.

〈여섯 번째 이야기〉 톱으로 톱밥을 켜려고 하지 마

몇 해 전, 나는 60만 달러를 투자해 시작한 사업에 실패했습니다. 어른들을 위한 교육 사업이었는데, 여러 도시에 지점을 열고 많은 돈을 홍보비로 썼지요. 매출은 제법 괜찮았습니다. 그런데 순이익이 한 푼도 없었지요. 그야말로 앞으로 남고 뒤로 밑지는 장사였습니다. 결국 얼마 지나지 않아 투자금 60만 달러를 전부 날리고 말았지요.

그 후 나는 걱정의 소용돌이에 빠져버렸습니다. 몇 달 동안 넋이 빠져나간 듯 망연자실한 상태에 있었지요. 잠을 잘 수 없었고, 체중이 쭉쭉 빠졌습니다. 이미 돌이킬 수 없는 실패에서 교훈을 얻는 대신 계속 어처구니없는 잘못을 범하고 말았지요. 정말 어리석기 짝이 없게, 내가 다른 사람들에게 그토록 강조했던 삶의 규칙을 나 자신에게는 제대로 적용하지 못했습니다.

그래요, 맞습니다. 나는 그때의 실패를 철저히 분석해 두 번 다시 똑같은 실수를 반복하지 않을 교훈을 얻어야 했습니다. 그리고는 실패를 잊고 다시 일상생활에 최선을 다해야 했지요.

원래 해오던 강의를 더 열심히 하며, 절대로 회복할 수 없게 되어 버린 손실은 머릿속에서 지워야 했습니다. 그것이 내가 그동안 많은 사람들 앞에서 이야기해 온 바람직한 삶의 자세니까요.

당연한 말이지만, 이미 일어난 일을 걱정하는 것보다 어리석은 짓은 없습니다. 엊그제 일어난 일을 조금이나마 수습하기 위해 뭔가를 할 수는 있지요.

하지만 이미 일어난 일 자체를 뒤바꿀 수는 없습니다. 과거가 건설적일 수 있는 길은 단 하나밖에 없지요.

그것은 바로 조용히 과거의 잘못을 분석해 교훈을 얻은 뒤 실패의 아픔은 깨끗이 잊어버리는 것입니다.

언젠가 뉴욕의 조지워싱턴고등학교를 나온 한 친구가 들려줬던 이야기가 기억납니다. 그는 당시 폴 브랜드와인 선생님이 인생을 살아가며 영원히 간직할 만한 교훈을 남겨 주었다고 말했지요.

"나는 고등학교 시절에도 걱정이 많은 아이였네. 내가 저지른 실수 때문에 마음을 졸이거나 조바심을 내기 일쑤였지.

시험이 끝나면 성적 걱정을 하느라 뜬눈으로 밤을 새우기도 했어. 항상 내가 한 일을 되돌아보며 후회에 후회를 거듭했지.

그러던 어느 날 아침, 수업을 들으려고 과학 실험실에 갔는데 교탁에 우유병이 놓여 있지 뭐야. 우리는 모두 자리에 앉아 그것을 바라보며 우유와 과학 수업이 무슨 상관이 있을까 궁금해 했지. 그런데 잠시 뒤 실험실로 들어온 선생님께서 갑자기 그 우유병을 들어 옆에 있던 싱크대에 쏟아 버리며 크게 외치셨네.”

"뭐라고 하셨는데?"

나는 두 눈을 동그랗게 뜨고 친구의 말에 귀 기울였습니다. 친구가 말을 이었지요.

"선생님께서 그러시더군. '이미 엎질러진 우유는 후회해도 소용없다!'라고 말이야. 그리고는 우리더러 싱크대에 다가와 쏟아진 우유를 보라고 하셨지. '잘 봐. 나는 여러분이 평생 이 교훈을 기억했으면 좋겠다. 우유는 이미 엎질러져 거의 다 하수구로 흘러 들어갔지? 아무리 난리를 치고 머리를 쥐어뜯어도 우유는 한 방울도 되돌릴 수 없단다. 물론 우리는 우유를 쏟지 않기 위해 조심스럽게 행동할 수 있지. 그런데도 안타깝게 우유를 쏟았다면 더는 어떻게 해볼 도리가 없는 거야. 상황을 되돌리기에는 너무 늦어 버렸다는 말이지. 그러면 우리가 할 수 있는 것은 지난 잘못을 잊어버리고 다음 일로 넘어가 더 열심히 노력하는 거야.'

나는 그날 선생님께서 해주신 말씀을 잊을 수가 없었어. 내가 고등학교 때 배운 어떤 공부보다도 더 실용적인 삶의 방식을 가르쳐 주셨으니까. 브랜드와인 선생님의 가르침을 정리하면 '첫째, 가능하면 우유를 쏟지 마라. 둘째, 만약 우유를 쏟았다면 완전히 잊어버려라. 셋째, 그 실수에서 교훈을 얻어 다음 일에 더욱 최선을 다해라.'라는 거야."

어떤가요, 어린이 여러분? 폴 브랜드와인 선생님이 왜 우유병을 쏟았는지, 그날 학생들에게 어떤 교육을 하려고 했는지 이해할 수 있겠지요?

그런데 내가 강의할 때 친구의 경험담을 이야기하면 어떤 사람들은 시큰둥한 표정을 짓습니다. '이미 엎질러진 우유는 후회해도 소용없다.'라는 교훈이 너무 고리타분하다는 것이지요. 하지만 우리가 삶을 살아가며 반드시 새겨야 할 중요한 교훈은 무릇 뻔한 이야기 속에 깃들어 있는 법입니다. 그처럼 언뜻 당연해 보이는 가르침에 귀를 닫는 사람치고 실수와 잘못을 반복하지 않는 사람이 드물지요.

그럼 이쯤에서 왜 내가 이번 장 여섯 번째 이야기의 제목을 '톱으로 톱밥을 켜려고 하지 마'라고 정했는지 설명해야겠군요.

미국 뉴욕의 유명 출판사 편집장이 한 대학 졸업식에 초청받아 연설을 했습니다. 그가 뜬금없이 학생들에게 질문을 던졌지요.

"혹시 나무를 톱질해 본 사람이 있습니까? 그런 경험이 있다면 손을 들어 보세요."

그러자 몇몇 학생이 손을 번쩍 들었습니다. 편집장이 다시 물었지요.

"그렇다면 톱으로 나무가 아니라 톱밥을 켜 본 사람은 있습니까?"

편집장의 질문에 이번에는 아무도 손을 들지 않았습니다. 말하나 마나, 누가 톱으로 톱밥을 켜겠습니까. 나무에 톱질을 하면 쌓이는 것이 톱밥인데요.

편집장이 학생들을 둘러보며 큰 소리로 다시 말했습니다.

"물론 여러분은 톱밥을 켤 수 없습니다. 괜히 톱밥을 켤 일도 없고요. 이미 톱질이 끝났으니까요. 과거도 마찬가지입니다. 여러분이 이미 지나가 버린 일을 걱정하기 시작하면, 톱으로 톱밥을 다시 켜려는 것과 다르지 않습니다."

편집장의 말에 졸업식장은 잠시 침묵에 잠겼습니다. 그리고는 곧 그의 말뜻을 알아챈 학생들이 우레와 같은 박수를 보내기 시작했지요. 이제 내가 왜 이번 이야기의 제목을 '톱으로 톱밥을 켜려고 하지 마'라고 정했는지 알겠지요?

나는 『어린이를 위한 데일 카네기의 인간관계론』에서 씽씽교도 소를 몇 차례 언급한 적이 있습니다. 그곳의 교도소장을 만났을 때 다음과 같은 이야기를 들려주었지요.

"죄수들이 처음 교도소에 들어오면 억울해하며 분통을 터뜨리기 일쑤입니다. 하지만 몇 달 지나면 슬기로운 사람들은 자신의 불행을 잊고 교도소 생활에 차분하게 적응하지요. 사회에서 정원사로 일했던 한 죄수는 교도소를 온통 꽃밭으로 만들며 시간을 보내기도 했습니다. 그는 비록 죄를 지어 교도소에 갇히는 신세가 되었지만, 자기가 보람을 느끼는 일을 하며 유쾌하고 건강하게 수감 생활을 했지요."

교도소에 갇힌 죄수들도 갖는 삶의 태도를 우리가 실천하지 못할 이유는 없습니다. 사람들은 누구나 잘못을 범하고 실수를 저지르지요. 그렇다고 쓸데없이 눈물만 흘리며 한탄하는 것은 어리석은 짓입니다. 그런 태도로는 아무것도 변화시키지 못하니까요. 어린이 여러분은 "나폴레옹도 자신이 싸운 전투에서 3분의 1은 패배했다."라는 말을 꼭 되새겨 봐야 합니다. 이따금 실패를 맛본다고 해서 톱으로 톱밥을 켜려고 해서는 절대 안 됩니다. 우리 모두 쓸데없는 걱정을 잊고 다시 앞으로 나아가야 하지요.

자, 그럼 걱정하는 습관을 없애는 6가지 방법을 다시 한 번 복습하면서 이번 장을 마치겠습니다. 여러분 마음속에 하나씩 깊이 새겨 두기 바랍니다.

1. 바쁘게 일하고 열심히 공부해.
2. 딱정벌레에게 무릎 꿇지 마.
3. 걱정이 현실이 될 확률을 따져 봐.
4. 피할 수 없으면 받아들여.
5. 걱정은 손해를 보더라도 팔아 버려.
6. 톱으로 톱밥을 켜려고 하지 마.

잠깐, 스스로 생각해봐

■ 이번 장 두 번째 이야기의 제목은 '딱정벌레에게 무릎 꿇지 마.'입니다. 여기서 '딱정벌레'가 상징하는 것이 무엇인지 알아보고, 자신의 '딱정벌레'에 대해 생각해 봐요.

〈제 4 장〉
평화롭고 행복한
마음을 갖는 방법

〈첫 번째 이야기〉 유쾌하게 생각하고 유쾌하게 행동해

내가 살아오면서 배운 가장 가치 있는 교훈은 '생각의 중요성'입니다. 누군가의 생각을 알면 그가 어떤 사람인지 알 수 있습니다. 우리의 생각이 우리를 만드니까요. 우리의 정신 자세가 우리의 운명을 결정짓는 무엇보다 중요한 요소입니다.

위인들 중에도 생각의 중요성을 강조한 사람들이 많습니다. 미국 출신 사상가 랄프 에머슨은 "그 사람이 하루 종일 생각하고 있는 것이 바로 그 사람이다."라고 말했지요. 또 로마 제국을 통치한 철학자 마르쿠스 아우렐리우스는 "우리의 인생은 우리의 생각대로 만들어진다."라고 했습니다.

네, 그렇습니다. 여러분이 행복한 생각을 하면, 여러분은 행복해질 것입니다. 그와 반대로 여러분이 불행한 생각을 하면, 여러분은 실제로 불행해질 것입니다. 여러분이 두려운 생각을 하면 두려워질 것이고, 자꾸 실패를 생각하면 분명히 실패하고 말 것입니다. 생각의 힘이 그만큼 강력합니다.

생각은 육체에도 크나큰 영향을 끼칩니다. 영국의 정신과 의사 하드필드는 『힘의 심리학』이라는 책에서 놀라운 사례를 소개했습니다.

하드필드는 3명의 남자에게 양해를 구하고 실험에 들어갔습니다. 먼저 그들에게 악력계를 힘껏 쥐어 보라고 했더니 평균 악력이 45.8킬로그램으로 측정되었지요. 그리고 그는 3명의 남자에게 다른 조건으로 두 번씩 최면을 걸었습니다. 첫 번째는 그들의 힘이 매우 약하다는 최면이었고, 두 번째는 그들의 힘이 매우 강하다는 최면이었지요.

과연 그 결과가 어땠을까요?

첫 번째 실험에서 3명의 남자는 평균 악력 13.2킬로그램이라는 결과를 보였습니다. 그리고 두 번째 실험에서는 평균 악력 64.4킬로그램을 나타냈지요. 그러니까 3명의 남자는 단지 생각의 차이에 따라 자신들이 원래 가졌던 힘보다 훨씬 적거나 훨씬 많은 악력을 발휘했던 것입니다. 결국 우리는 이 실험을 통해서도 생각의 중요성을 실감할 수 있습니다.

나는 마음의 평화와 인생의 기쁨이 재산이나 사회적 지위 따위로 결정되지 않는다고 믿습니다. 그것을 결정하는 것은 정신 자세, 즉 자신의 생각에 달려 있지요. 일찍이 영국 시인 존 밀턴은 다음과 같은 시를 썼습니다.

정신은 그 자체가 세계이니
그 안에서 지옥을 천국으로
천국을 지옥으로 만들 수 있다.

여러분도 밀턴의 주장에 공감하나요? 어린이들에게 잘 알려진 위인 나폴레옹 보나파르트와 헬렌 켈러가 남긴 말을 비교해 보아도 생각의 중요성을 알 수 있습니다.

그들은 각각 이렇게 말했습니다.

"내 평생 행복했던 날은 6일도 되지 않는다."

이것은 나폴레옹이 세인트헬레나 섬에 유배당했을 때 했던 고백입니다. 그는 모든 사람이 부러워하는 권력과 부, 영광을 누렸지만 자신이 불행하다고 생각했지요.

그러면 아무리 그의 삶이 화려해 보여도 결코 행복할 수 없는 것입니다.

"나는 인생이 너무도 아름답다는 것을 발견했습니다."

이것은 헬렌 켈러의 말입니다. 그녀는 여러 장애를 안고 태어나 언뜻 불우해 보이는 삶을 살았지만 자신의 삶을 긍정적으로 받아들여 스스로 행복을 찾았지요.

어린이 여러분이 판단하기에 나폴레옹과 헬렌 켈러 중 누가 더 의미 있는 인생을 살았을까요?

누가 더 평화롭고 보람된 삶을 살았을까요? 물론 저마다 다른 판단을 할 수 있겠으나, 나는 헬렌 켈러의 삶이 더 행복했을 것이라는 데 동의합니다. 그녀의 생각이 나폴레옹의 생각보다 밝고, 건강하며, 긍정적이었으니까요

프랑스 철학자 미셸 몽테뉴는 "사람은 어떤 일 때문에 상처를 받는 것이 아니라 그 일에 대한 자신의 생각 때문에 상처를 받는다."라고 말했습니다.

그와 비슷한 의미를 담아 하버드대학교 교수이자 심리학자였던 윌리엄 제임스는,

"단지 생각을 달리 하는 것만으로도 행동을 바꿀 수 있다. 그리고 그것은 머지않아 우리의 감정까지 변화시킨다."

라고 주장했지요.

그는 또 "그러므로 유쾌함이 사라졌을 때 다시 유쾌해지기 위한 최고의 방법은 유쾌하게 행동하고 말하는 것이다."라고 덧붙였습니다.

그럼 어린이 여러분도 제임스의 처방을 한번 따라해 볼까요?

 자, 일단 얼굴에 환한 미소를 지어 봐요. 어깨를 활짝 편 다음 숨을 깊게 들이마셔 봐요. 그리고 신나는 노래를 크게 불러 봐요. 노래를 부를 수 없다면 휘파람이라도 실컷 불어 봐요. 노래나 휘파람 대신 콧노래도 좋아요. 그러면 여러분은 윌리엄 제임스의 말을 금방 이해하게 될 것이 틀림없습니다. 그렇게 몸으로 자꾸만 행복을 드러내면 마음과 생각도 더는 우울할 수가 없지요. 이것은 우리가 쉽게 경험할 수 있는 삶의 기적 중 하나입니다.

나는 얼마 전 제임스 알렌이 지은 『생각하는 모습 그대로』라는 책을 매우 감명 깊게 읽었습니다. 거기에 이런 내용이 있지요.

'우리가 주변 사물과 사람들에 대한 생각을 바꾸면, 자연스럽게 주변 사물과 사람들이 바뀐다. 다만 생각을 너무 돌발적으로 바꾸면 깜짝 놀랄 일이 벌어질 수 있다는 점에 주의해야 한다. 인간은 자신의 생각대로 성취한다. 인간은 생각을 발전시키는 만큼 꿈을 이룬다. 생각의 변화와 발전을 거부하는 사람은 성공하기 어렵다.'

나는 책을 읽으며 알렌의 주장에 완전히 공감했습니다. 어린이 여러분은 어떤가요?

나는 사람들에게 강의하면서 요즘 들어 시빌 패트릭의 글을 자주 인용합니다. 10가지 항목으로 구성된 그의 글은 모두 '오늘만은'이라는 문장으로 시작하지요. 그가 이미 수십 년 전에 발표한 글이지만 지금 읽어도 여전히 신선한 느낌을 갖게 합니다. 우리가 이 내용을 충실히 따른다면 앞으로의 삶에 걱정 대신 기쁨이 가득할 것이 틀림없지요. 10가지 항목을 옮겨 보면 다음과 같습니다.

☑ 1. 오늘만은 나는 행복할 것이다. 사람들은 자기가 행복하려고 하는 만큼 행복하다. 행복은 내면에서 나온다. 행복은 환경의 문제가 아니다.

· ·

☑ 2. 오늘만은 나 자신을 기대치가 아니라 현실에 맞추겠다. 나의 가족, 나의 일, 나의 행운과 불운을 있는 그대로 받아들이고 나를 거기에 맞추겠다.

· ·

☑ 3. 오늘만은 내 몸을 무엇보다 소중히 돌보겠다. 나는 운동을 할 것이고, 내 몸을 혹사시키지 않을 것이며, 나만을 위한 내 몸이 되도록 노력할 것이다.

· ·

☑ 4. 오늘만은 내 마음을 강하게 만들겠다. 나는 유익한 것을 배우며, 정신적으로 게으름뱅이가 되지 않을 것이다. 나는 노력하고, 생각하고, 집중할 것이다.

· ·

☑ 5. 오늘만은 내 마음을 3가지 방법으로 훈련하겠다. 우선 다른 사람 몰래 친절을 베풀 것이다. 그리고 더불어 내가 원하지 않는 일 2가지를 해 볼 것이다.

· ·

☑ 6. 오늘만은 나는 누구 못지않게 유쾌한 사람이 되겠다. 최대한 활발하게 행동하고, 우아하게 말하며, 타인에게 비난 대신 칭찬을 건넬 것이다. 어떤 일에도 트집 잡지 않고, 내 맘대로 다른 사람을 바로잡으려 하지 않을 것이다.

• •

☑ 7. 오늘만은 내 인생의 문제를 한꺼번에 해결하려 들지 않고 하루를 충실하게 보내겠다. 사람은 평생 못할 일을 12시간 안에 해낼 수도 있다.

• •

☑ 8. 오늘만은 계획표를 짜서 그대로 실천하겠다. 그러면 나의 성급함과 우유부단함을 치유하는 데 분명 도움이 될 것이다.

• •

☑ 9. 오늘만은 다만 30분이라도 아무 일 하지 않고 나를 돌아보겠다. 그 30분 동안 내가 믿는 종교의 방식대로 간절히 기도해도 좋을 것이다.

• •

☑ 10. 오늘만은 나는 두려움에 빠지지 않겠다. 특히 행복해지는 것을, 사랑하는 것을, 내가 사랑하는 사람들이 나를 사랑한다고 믿는 것을 두려워하지 않겠다.

• •

〈두 번째 이야기〉 앙갚음하려 들지 마

지금 여러분에게 미워하는 사람이 있나요?

나 아닌 다른 사람을 미워하는 것이 이상한 감정은 아닙니다. 인간이 어울려 살다 보면 서로 좋아하거나 미워하게 되지요. 타인에게 되도록 미움을 갖지 않는 편이 낫지만, 그렇다고 해서 미움이 절대로 가져서는 안 될 감정은 아니라는 말입니다.

그러나 미움이 심해져 증오로 변질되거나 어떤 일에 앙갚음을 하겠다는 복수심으로 나타나서는 안 됩니다. 내 마음의 증오는 상대방을 아프게 하지 않지요. 내가 품는 증오는 나의 낮과 밤을 지옥으로 만들 뿐입니다. 앙갚음하려는 복수심 역시 마찬가지고요.

『성경』에는 '원수를 사랑하라.'는 예수님의 말씀이 기록되어 있습니다.

그것은 종교적인 가르침이면서, 현대 의학을 위한 조언으로도 받아들일 수 있지요. 무슨 말인가 하면, 원수를 사랑할 만큼 미움의 감정을 버려야 심장 질환이나 위궤양 같은 각종 질병에 걸릴 확률이 크게 낮아진다는 의미입니다. 그 역시 타인에게 갖는 증오와 복수심이 결국 상대방이 아니라 자신을 해치기 때문이지요.

'채소를 먹으며 서로 사랑하는 것이 소고기를 먹으며 서로 미워하는 것보다 낫다.'

이 또한 『성경』의 한 구절입니다. 누군가를 미워하면 나의 표정이 일그러져 얼굴에 주름이 늘어날 뿐입니다. 증오심 때문에 내 삶이 고통받고 있다는 사실을 알면 오히려 상대방이 기쁨의 환호성을 내지를지 모르지요.

적을 사랑할 수는 없어도, 나 자신을 사랑할 수는 있습니다. 누군가를 증오하며 복수심을 키울 시간에 자신을 사랑하는 것이 나의 행복과 건강, 아름다움을 지켜내는 길입니다. 여러분은 "너무 적의를 불태우지 마라. 그 불이 곧 너를 태울 테니."라고 했던 윌리엄 셰익스피어의 말을 반드시 명심해야 합니다.

물론 대부분의 인간은 성인군자처럼 미움의 대상을 사랑하기는 어렵습니다. 하지만 나 자신을 위해 상대방을 용서하며 증오와 복수심을 가라앉힐 수는 있지요. 미국 속담에 '바보는 화를 내지 못하지만 현명한 사람은 화를 내지 않는다.'라는 것이 있습니다. 중국의 공자는 "도둑을 맞거나 모함을 당해도 내가 기억하지만 않으면 아무것도 아니다."라고 말했지요.

또한 미국 제34대 대통령이었던 드와이트 아이젠하워가 "나는 싫어하는 사람들을 생각하느라 단 1분의 시간도 낭비하고 싶지 않습니다."라고 했던 말은 지금도 많은 사람들에게 화제가 되고 있습니다.

아이젠하워 이전에 그와 같은 삶의 지혜를 실천했던 사람은 바로 에이브러햄 링컨입니다. 사실 링컨만큼 다른 사람들에게 험한 욕을 듣고 배신당한 사람도 드물지요. 그럼에도 링컨은 자신이 좋아하고 싫어하는 감정에 따라 타인을 판단하지 않았습니다. 과거에 자신을 헐뜯거나 무시했던 사람이라 하더라도 그 자리에 적합하다고 판단하면 링컨은 즉시 그 사람을 관리로 임명했지요. 또 자신의 결정에 반대하는 의견을 낸다고 해서 함부로 해임하지도 않았습니다.

여기서 우리는 철학자 에픽테토스의 말을 되새겨 볼 필요가 있습니다.

"자기가 저지른 나쁜 짓에 대해 운명은 언젠가 대가를 치르게 만든다. 결국 모든 사람은 자신의 잘못에 대한 벌을 받을 것이다. 그 점을 명심한다면 굳이 다른 사람에게 화를 내는 쓸데없는 행동을 하지 말아야 한다. 어차피 대가를 치르고 벌을 받을 사람에게, 왜 내가 괜히 증오하고 복수심을 불태운단 말인가. 나는 분노하지 않을 것이고, 악의를 품지 않을 것이다. 나는 다른 사람을 탓하지 않고, 다른 사람을 증오하지 않을 것이다."

어쩌면 에픽테토스의 말에 이번 장 두 번째 이야기에서 내가 전하려는 메시지가 전부 들어 있다고 해도 틀리지 않습니다. 다시 한 번 강조하건대, 상대방을 증오할 시간이 있으면 그를 불쌍히 여겨 내가 쓸데없는 감정 낭비에 빠져들지 않도록 하는 편이 낫습니다. 내가 미워하는 상대방에게 저주와 복수를 퍼붓는 대신 그들을 이해하고 용서하며, 나아가 그들을 위해 기도할 수 있다면 더 바랄 나위 없겠지요.

나는 저녁마다 『성경』 구절을 따라 읽고 가정기도문을 외우는 가정에서 자랐습니다. 나는 아직도 아버지가 시골집에서 나지막이 『성경』을 읽어 주시던 목소리를 기억하지요.

"적을 사랑해라. 너희를 저주하는 사람들을 축복하고, 너희를 미워하는 사람들을 성심껏 대해 주어라. 너희를 모욕하고 핍박하는 사람들을 위해 기도해라."

실제로 나의 아버지는 예수 그리스도의 가르침을 실천하려고 애썼습니다. 그리고 그와 같은 삶의 자세를 통해 마음의 평화를 얻었지요.

나의 어린 시절 추억이 이 책을 읽는 어린이 여러분에게도 소중한 길잡이가 되면 좋겠습니다.

〈세 번째 이야기〉 대가를 바라지 마

나는 최근에 텍사스에서 온 사업가를 만났습니다. 그런데 그는 11개월이나 지난 일로 아직도 잔뜩 화가 나 있었지요. 자기 회사 직원들에게 크리스마스 보너스를 2천 달러씩 주었는데 아무도 감사 인사를 하지 않는다는 것이 그 이유였습니다.

"이럴 줄 알았으면 직원들에게 한 푼도 주지 말 걸 그랬어요!"

그는 내게 불만을 털어 놓으면서도 좀처럼 분이 풀리지 않는 표정이었습니다. 나는 딱히 건넬 말이 없어 다른 이야기로 화제를 돌렸지요. 그리고 그날 저녁 집으로 돌아와 그의 분노에 대해 곰곰이 생각해 보았습니다.

사실 나는 그 사업가가 좀 답답해 보였습니다. 거의 60살이 다 되어가는 사람이 그런 일로 오랫동안 서운한 감정을 갖는 것이 한심해 보이기까지 했지요. 평균 수명을 기준으로 계산하면 그는 기껏해야 20여 년의 삶이 남았을 뿐입니다. 그럼에도 이미 지나가 버린 일에 화를 내느라 여생의 1년을 낭비했으니 불쌍하기 짝이 없는 노릇이었습니다.

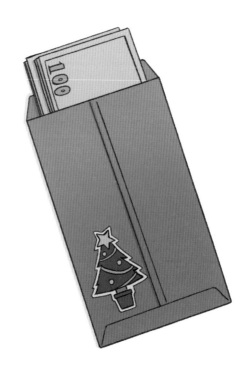

내가 생각하기에, 그 사업가는 화를 내는 대신 왜 감사 인사를 받지 못했는지 진지하게 자신을 돌아봐야 했습니다. 어쩌면 그는 평소 직원들에게 적은 월급을 주면서 아주 높은 성과를 강요했는지 모릅니다.

직원들은 크리스마스 보너스를 행운의 선물이 아니라 자신들이 열심히 일해 받는 당연한 대가라고 생각했을지도 모르지요.

또 어쩌면 그가 너무 권위적인 사람이라 직원들이 선뜻 다가가기 힘들어했을 수도 있습니다. 좀 더 부정적으로 보면, 세금 문제 때문에 어쩔 수 없이 직원들에게 특별 보너스를 나눠 주었을 것이라는 의심을 샀을지도 모르고요.

물론 직원들이 정말로 이기적이고 예의 없는 사람들일 수도 있습니다. 영국 시인 사무엘 존슨은 "감사는 교양의 결실이다. 교양이 없는 사람에게서는 감사를 찾을 수 없다."라고 말했지요.

그런데 내가 이번 이야기에서 꼭 전하고 싶은 핵심이 바로 여기에 있습니다. 직원들이 예의가 있든 없든, 교양이 있든 없든, 텍사스의 그 사업가는 인간의 본성을 잘 모르고 감사를 기대하는 실수를 저지른 것입니다.

원래 인간은 호의를 베푼 사람의 기대와 달리 호의를 받은 사람은 별일 아닌 것으로 생각하기 십상이지요.

심지어 인간은 자신의 목숨을 구해 준 사람에게도 감사 표현을 잊을 때가 있습니다.

유명한 변호사였던 사무엘 라이보비츠는 사형 선고를 받을 수 있는 피고인들을 열심히 변호해 형량을 크게 줄여 주었지요. 적어도 78명 정도는 그의 변호 덕분에 목숨을 건졌다고 해도 틀린 말이 아니었습니다.

하지만 그중 몇 명이나 라이보비츠에게 감사 인사를 전했을까요? 놀랍게도, 편지로나마 감사 인사를 한 사람은 단 2명뿐이었습니다. 그것이 어쩔 수 없는 인간의 본성이지요.

어린이 여러분, 내가 인간의 본성을 부정적으로 말해 마음이 아픈가요? 하지만 그것은 명백한 현실입니다. 옛날에도 그랬고, 앞으로도 그런 인간의 본성이 달라질 가능성은 거의 없지요. 그렇다면 우리는 어떤 삶의 자세를 가져야 할까요? 일찍이 로마 제국의 위대한 통치자였던 마르쿠스 아우렐리우스가 그 해답을 이야기했습니다.

"나는 오늘도 지나치게 이기적이면서 감사할 줄 모르는 사람들을 만날 것이 틀림없다. 하지만 그런 사람들이 없는 세상은 상상할 수 없기 때문에 나는 조금도 놀라거나 기분 나빠하지 않을 것이다."

나는 어쩔 수 없는 인간의 본성 앞에서 아우렐리우스와 같은 마음가짐을 갖는 것이 바람직하다고 생각합니다. 괜히 감사할 줄 모르는 사람들에 대해 불평하면서 돌아다녀봐야 아무 소용없는 일이니까요. 한마디로 말해, 내가 누군가에게 호의를 베풀었다고 해도 감사 인사를 기대하지 않는 편이 현명합니다. 그러다가 가끔 누가 감사 인사를 정중히 전해 오면 기분이 더 좋겠지요. 설령 아무에게도 감사 인사를 받지 못한다고 해도 크게 마음이 상하지는 않을 테고요.

부모 자식 간의 사랑도 다르지 않습니다. 적지 않은 부모들이 자신이 베푼 사랑을 자식들이 몰라준다며 섭섭해 하지요. 하지만 그 역시 인간의 본성에 비춰 보면 당연한 일이라고 할 수 있습니다. 물론 예외는 있습니다. 나의 고모를 예로 들어 볼까요?

고모는 남편을 잃고 혼자 살아온 지 20년이 지났습니다. 5명이나 되는 자녀들은 오래전부터 고모를 서로 모시겠다고 성화지요. 고모의 자녀들은 자기 엄마를 무척 좋아합니다. 단지 엄마가 자신들을 키워 줬고, 그에 대한 감사함 때문에 그럴까요? 아닙니다. 이유는 단 하나, 그들은 서로에게 대가를 바라지 않는 사랑을 주었고 그 사랑을 다시 사랑으로 갚고 싶어 하기 때문입니다.

고모는 자녀들을 키우며 자신의 수고를 희생이라고 생각하지 않았습니다. 그러니 자녀에게 어떠한 보상도 기대하지 않았지요. 오직 따뜻한 사랑과 친절을 베풀었을 뿐입니다.

 그런 사랑을 받고 자란 5명의 자녀 역시 어느덧 늙은 엄마를 사랑으로 대할 뿐이고요.

나는 고모의 가정을 보면서 사랑과 친절의 가치를 새삼 깨달았습니다. 그에 비해 나의 사촌은 상대방에게 늘 호의를 기대하지요. 그는 자기가 남에게 조금이라도 베푼 것이 있으면 꼭 감사 인사를 받기 바랍니다.

나는 몇 해 전 크리스마스 날 사촌 집에 갔다가 보았던 광경이 지금도 잊히지 않습니다. 그날 사촌에게 친구의 선물이 담긴 소포가 도착했지요. 잔뜩 기대하는 얼굴로 그것을 뜯어 본 사촌의 입에서 곧 투덜거리는 소리가 새어 나왔습니다.

"쳇, 애는 친구를 위해 단돈 1달러도 안 쓴다니까! 크리스마스라고 보내 온 선물이 이게 뭐야?"

내가 소포를 살펴보니 친구의 선물은 집에서 직접 만든 몇 장의 행주였습니다. 거기에는 돈으로 따지기 어려운 정성이 깃들어 있었지요.

그럼에도 사촌은 자기가 예전에 베풀었던 호의를 떠올리며 몹시 기분 나빠 했습니다. 그날 나는 사촌의 행동을 보고 모른 척 지나칠 수 없었지요.

"케일리, 너는 친구의 진심을 헤아리지 못하는구나. 네가 언젠가 베풀었던 호의에 대해 꼭 감사 인사를 받아야 한다고 생각하는 거니? 옛말에 '어린아이는 귀가 밝다.'라고 했어. 너는 집에 있는 아이들을 봐서라도 그렇게 행동하면 안 돼. '친구가 크리스마스 선물로 행주를 보냈네. 이걸 만드느라 시간이 참 많이 걸렸겠다. 고맙다고 전화라도 해야겠는걸.'이라고 말했으면 얼마나 좋았겠니?

 그래야 너의 자녀도 감사의 의미를 제대로 배울 수 있고 말이야."

 다행히 사촌은 나의 충고를 잘 받아들였습니다. 상대방에게 감사 인사를 받고 싶다면, 내가 먼저 상대방에게 감사 인사를 전할 줄 알아야 하지요. 그리고 상대방이 내게 감사 인사를 하지 않는다고 해도 서운해 하지 말아야 합니다.

 상대방이 어떻게 행동하든 내가 예의를 갖추면, 그것이 곧 내 마음의 평화로 이어지니까요.

〈네 번째 이야기〉 문제보다 축복을 떠올려 봐

　미군 장교 에디 리켄베커는 매우 흔치 않은 경험을 했습니다. 그는 몇 명의 동료 군인들과 함께 무려 21일 동안 뗏목을 타고 태평양을 표류했지요. 그들에게는 약간의 물과 식량만 남아 모든 것을 아끼고 또 아껴야 했습니다. 그늘 한 점 없는 뜨거운 태양빛에 괴로워하며 타오르는 갈증과 굶주림을 견뎌야 했지요.

마침 바다를 지나던 선박 덕분에 가까스로 목숨을 건진 리켄베커가 말했습니다.

"저는 망망대해 태평양을 표류하면서 큰 교훈을 얻었습니다. 그 것은 다름 아니라, 목마르면 마실 수 있는 물이 있고 배고프면 먹을 수 있는 음식이 있는 한 세상 어떤 일에도 불평하면 안 된다는 깨달음이었습니다." 사람들은 흔히 리켄베커처럼 심각한 위기가 닥쳤을 때 비로소 삶의 진정한 가치를 발견하고는 합니다. 나는 몇 해 전 『타임』지에서 전쟁에 나갔다가 부상당한 하사관의 인터뷰 기사를 읽은 적이 있습니다. 그는 목에 폭탄 파편을 맞아 여러 차례 수술을 받아야 했지요. 그런데도 영영 장애가 남지 않을지, 다시 말을 할 수 있을지 확신할 수 없었습니다.

하루하루 절망감에 빠져 있던 그가 종이에 글자를 써 가며 의사에게 물었습니다.

"제가 앞으로 건강을 되찾아 사회생활을 할 수 있을까요?"
"그럼요."

그때 하사관의 머릿속에 한 가지 생각이 번뜩 스쳐 지나갔습니다.

'아니, 그럼 걱정할 이유가 없잖아? 병원 생활을 하면서 더 이상 절망할 필요가 없어.'

그날 이후 하사관은 병원 치료와 재활 운동에 전에 없이 적극적으로 참여했습니다. 그러자 몸의 회복도 훨씬 빨라졌지요.

두 사람의 사례에서 알 수 있듯, 우리는 지금 자신이 누리고 있는 축복에 감사할 줄 알아야 합니다. 괜히 문제점만 크게 생각해 절망에 빠져 지낼 필요가 없지요. 평범하게 먹고 마시고 쉬는 것에도 감사하며, 지나친 걱정 탓에 희망이 사라지지 않도록 주의해야 합니다.

보통은 우리의 삶에서 90퍼센트는 아무런 문제가 없습니다. 우리에게 걱정거리가 되는 것은 10퍼센트 정도지요. 여러분이 행복해지고 싶다면, 아무런 문제 없는 90퍼센트에 충실하면서 문제 있는 10퍼센트를 하나씩 차분히 해결해 가면 됩니다. 필요 이상 걱정하고 속상해하면서 문제 있는 10퍼센트에 시달리다 보면 위궤양 같은 질병에나 걸리기 십상이지요.

여러분은 누가 10억을 준다고 해서 두 눈을 팔겠습니까? 여러분의 가족을 돈이나 명예와 바꿀 수 있습니까? 가만히 생각해 보세요. 여러분은 이미 억만장자가 갖지 못한 것을 소유하고 있는 것입니다. 여러분의 두 눈과 가족은 오직 여러분만 가진 것이니까요. 그럼에도 우리는 왜 이토록 소중한 삶의 재산을 제대로 평가하지 않는지 모르겠습니다.

독일 철학자 아르투어 쇼펜하우어는 "사람들은 자신이 가진 것은 생각하지 않고, 항상 자기에게 없는 것을 생각한다."라고 말했습니다.

그렇습니다. 우리에게 이미 있는 것은 생각하지 않고 우리에게 없는 것을 간절히 바라는 것이야말로 최대의 비극이라고 할 만하지요. 그런 삶이 행복할 가능성은 별로 없습니다.

그러므로 자신이 처한 상황을 긍정적으로 받아들여 그 위치에서 알차게 삶을 꾸려가려는 태도가 매우 중요합니다. 비록 사소한 것이라도 자기가 가진 축복을 떠올리며 삶을 조금씩 개선해 가는 사람만이 행복의 고지에 다다를 수 있습니다.

그럼 내 친구 루실 블레이크의 사례를 전하며 이번 장의 네 번째 이야기를 마무리하겠습니다.

블레이크 역시 자기에게 없는 것을 걱정하는 대신 자기가 이미 갖고 있는 것에 만족하는 법을 배우면서 삶이 달라졌습니다. 그녀는 하루하루 눈코 뜰 새 없이 바쁘게 살다가 심장에 문제가 생겨 쓰러지고 말았지요. 의사는 1년 정도 입원해서 꾸준히 치료를 받아야 한다는 진단을 내렸습니다. 그녀는 눈앞이 캄캄했지요.

"침대에서 1년이라는 긴 시간을 보내야 한다니! 어쩌면 그러다가 죽을지도 몰라. 나한테 왜 이런 일이 일어났을까? 내가 대체 무슨 잘못을 한 걸까?"

블레이크는 병상에 주저앉아 한탄하는 날이 잦았습니다. 자신의 처지를 억울해하며 눈물을 쏟기 일쑤였지요. 그러던 어느 날, 옆 병상에 있던 다른 환자가 그녀의 생각을 완전히 탈바꿈시키는 이야기를 해주었습니다.

"병원 침대에 누워 있는 시간이 비극처럼 느껴지겠지만, 어떻게 보면 꽤 괜찮은 기회가 될 수도 있지 않을까요? 일상에 쫓기지 않고 차분하게 생각할 시간이 주어졌으니 말입니다.

우리가 아프지 않았더라면 이렇게 침대에 누워 자신에 대해 돌아볼 기회를 갖기 어려웠겠지요. 병원에서 지내는 시간 동안 우리는 정신적으로 더 많이 성숙해질 수 있습니다."

옆 병상 환자의 이야기를 들은 블레이크는 답답했던 가슴이 뻥 뚫리는 듯했습니다. 그날 이후 그녀는 병원 생활을 긍정적으로 받아들였지요. 이런저런 책을 읽고 많은 생각을 하면서 퇴원 후 자신이 살아갈 삶을 계획했습니다.

또 매일 아침 눈을 뜨자마자 이미 닥친 문제보다 감사해야 할 것을 떠올렸지요. 그녀는 고통이 점점 누그러지는 것에 감사했고, 성심껏 자기를 돌봐 주는 가족에게 감사했습니다. 매일매일 라디오에서 흘러나오는 아름다운 음악에도 감사했지요.

그로부터 5년이 지난 지금, 블레이크의 삶은 그 전보다 훨씬 풍요로워졌습니다. 단지 경제적 풍요를 말하는 것이 아니라 자신의 삶에 더없이 만족하게 됐지요. 그녀는 기쁨으로 가득한 하루하루를 보내며 전에 없던 행복감을 느끼고 있습니다.

병원에서 생긴 습관 그대로, 매일 아침 잠자리에서 일어나면 가장 먼저 감사해야 할 일들을 머릿속에 떠올리지요.

나를 비롯한 우리 모두는 루실 블레이크의 변화를 곰곰이 되새겨 봐야 합니다. 우리는 이미 누리고 있는 축복은 가볍게 여기면서 자기가 맞닥뜨린 문제를 지나치게 크게 생각해 좌절하기 일쑤지요. 그것은 정말 어리석기 짝이 없는 태도입니다.

우리는 이제 매일 저녁 마주하는 노을을 바라보면서도 아름다움을 느낄 줄 알아야 합니다. 그리고 그에 대한 감사함을 바탕으로 이런저런 삶의 난관을 차분히 헤쳐 나아가야 합니다.

〈다섯 번째 이야기〉 자기 자신을 긍정해

얼마 전 나는 대기업 인사 담당자 폴 보인튼을 만났습니다. 그는 지금까지 수많은 사람들의 서류를 검토하고 면접한 경험을 바탕으로 『취업에 성공하는 6가지 방법』이라는 책을 쓰기도 했지요.

내가 그에게 질문했습니다.

"구직자들이 가장 흔하게 저지르는 잘못이 무엇인가요?"
"뭐니 뭐니 해도 면접관의 비위를 맞추기 위해 눈치를 보는 것이지요."

"좀 더 구체적으로 설명해 주시겠습니까?"

"그러니까…… 자기 자신이 아닌 다른 사람인 척한다는 말입니다. 솔직하고 겸손하게 질문에 답하기보다 면접관의 입맛에 맞는 답변을 내놓기 위해 노심초사하지요."

그의 말은 한마디로 구직자들이 거짓된 태도를 보이면 안 된다는 조언이었습니다. 아무도 가짜를 원하지 않으니까요. 인사 담당자들은 자기 자신을 제대로 알고, 자기 자신을 긍정하는 사람을 신입 사원으로 뽑고 싶어 한다는 의미였습니다.

 자기 자신이 아닌 다른 어떤 사람이 되고자 하는 욕구는 영화계에서 두드러집니다. 할리우드의 유명 감독이었던 샘 우드는 신인 배우들이 자기 본연의 모습을 갖도록 설득하는 것이 매우 어렵다고 털어놓은 적이 있지요.

 그는 신인 배우들이 이미 명성을 얻고 있는 스타들의 연기, 나아가 제스처까지 따라 하려 한다고 꼬집었습니다. 우드는 그런 신인 배우들에게 당시 스타 배우들의 이름을 예로 들며 이렇게 말했지요.

"대중들은 이미 클라크 게이블이나 라나 터너의 매력을 맛봤어. 또 누군가 그들을 흉내 내면 질려 한다고. 대중들은 이제 개성 있는 배우의 색다른 연기를 바라고 있어."

당시 실제로 한 배우는 그 무렵 인기가 높았던 여러 배우들의 장점을 연구해 자신의 연기를 바꾸려고 했습니다. 그러자 자기가 기존에 갖고 있던 장점은 다 사라지고 이것도 저것도 아닌 이상한 연기를 하게 됐지요. 원래 의도는 나쁘지 않았지만, 자기를 부정하며 다른 사람들의 장점만 좇는 삶이 성공하기는 어려운 법입니다. 무엇을 하며 살아가든 자신의 개성을 지키며, 자기가 가진 장점을 긍정하는 자세가 필요하지요.

대배우 찰리 채플린도 마찬가지였습니다. 그가 처음 영화에 출연했을 때, 감독은 당시 유명세를 떨치던 독일의 코미디언을 흉내 내라고 요구했지요. 그때만 해도 신인 배우였던 채플린은 감독이 시키는 대로 연기를 할 수밖에 없었습니다. 당연히 영화는 흥행에 실패했고, 채플린은 자신의 색깔을 찾아 개성 있는 연기를 펼칠 때까지 그저 그런 무명 배우 신세를 면치 못했지요. 그 후에도 채플린이 계속 누군가의 흉내를 내는 데 그쳤더라면 오늘날 아무도 그의 이름을 기억하지 못할 것입니다.

그와 같은 사례는 음악계에서도 쉽게 찾아볼 수 있습니다. 위대한 음악가로 평가받는 미국의 작곡가 조지 거슈윈도 그런 경험을 했지요. 그는 젊은 시절 생활고에 시달리다가 이미 명성을 떨치고 있던 작곡가 어빙 벌린을 찾아가 부탁했습니다.

"선생님의 조수로 일하고 싶습니다. 부디 저를 받아 주십시오."

그 무렵 벌린은 미래가 기대되는 젊은 작곡가 거슈윈의 이름을 잘 알고 있었습니다. 벌린이 손수 따뜻한 차를 건네며 말했지요.

"자네가 내 조수로 일하겠다면 주급 100달러를 주겠네."

그 말에 거슈윈의 눈빛이 반짝었습니다. 당시 100달러는 자신이 다른 곳에서 받던 주급보다 3배나 많은 제법 큰돈이었으니까요.

그런데 벌린이 다시 말을 이었습니다.

"하지만 나는 자네가 내 제안을 받아들이지 않으면 좋겠군. 나의 조수로 일하게 되면 아무리 잘해 봤자 또 다른 어빙 벌린이 될 뿐이니까.

지금 생활이 좀 어렵더라도 묵묵히 견뎌 내다 보면 머지않아 자네는 세상에 단 하나뿐인 음악가 조지 거슈윈이 될 걸세."

벌린의 진심어린 충고에 거슈인은 생각을 바꾸기로 마음먹었습니다. 한동안 생활고로 어려움을 겪었지만 음악에 더욱 몰두했지요. 그는 자신의 재능을 긍정하며 개성을 잃지 않아 훗날 어빙 벌린을 뛰어넘는 훌륭한 작곡가가 되었습니다.

나 역시 앞서 사례로 든 예술가들과 비슷한 경험을 한 적이 있습니다. 몇 년 전, 나는 대중 연설에 관한 최고의 책을 쓰겠다고 결심해 집필을 시작했지요.

그런데 그만 어리석은 짓을 벌이고 말았습니다. 그게 무슨 말이냐고요?

나는 다른 작가들의 생각을 빌려 와 나의 원고에 전부 집어넣으려고 했습니다. 대중 연설에 관한 책을 모조리 구해 그 저자들의 생각을 원고에 담으려고 노력했지요.

하지만 머지않아 내가 바보짓을 하고 있다는 판단이 들기 시작했습니다.

다른 사람들의 생각을 뒤죽박죽 집어넣은 원고는 재미도 없고 모조품에 불과해, 어느 누구도 내 책을 읽지 않을 것 같았지요.

그래서 오랜 시간 작업한 원고를 과감히 쓰레기통에 버리고 처음부터 다시 시작하기로 마음먹었습니다.

"이따금 실수하고 한계도 있겠지만, 너는 데일 카네기 자신이 되어야 해. 너는 다른 누구도 될 수 없고, 다른 누구도 네가 될 수 없어."

나는 당장 다른 사람들의 생각을 짜깁기하는 한심한 짓을 멈추었습니다. 그 대신 내가 직접 경험한 것, 내가 대중 앞에서 강의하며 직접 관찰하고 느낀 것을 기반으로 대중 연설에 관한 책을 썼지요. 그리고 그 결과물에 스스로 보람을 느꼈습니다.

많은 심리학자들은 인간이 자신에게 잠재되어 있는 능력의 10퍼센트도 채 발휘하지 못한다고 주장합니다. 그들은 인간이 신체적, 정신적 능력의 극히 일부만을 사용하고 있을 뿐이며, 자신의 잠재력에 한참 못 미치는 삶을 살고 있다고 말하지요.

그렇습니다. 우리는 저마다 많은 능력을 갖고 있습니다. 그러므로 우리는 다른 사람과 같지 않다고 걱정하며 흉내 내는 데 단 1초도 낭비해서는 안 됩니다.

여러분은 이 세상에 단 하나뿐인 유일한 존재이기 때문입니다. 태초부터 여러분과 똑같은 사람은 없었고, 앞으로도 결코 없을 것입니다. 우리는 유일한 존재로서 자기 자신을 긍정해야 합니다.

단언컨대, 모든 삶은 그 자체로 가치가 있습니다. 그것은 자연이 우리에게 준 최고의 선물입니다. 오직 자신만이 자기의 삶을 노래할 수 있고 그려 나갈 수 있습니다.

여러분의 개성, 경험, 환경이 세상에 유일한 여러분의 존재를 만들어 냅니다

여러분이 좋든 싫든 자기 자신만의 작은 정원을 가꿔야 합니다. 여러분이 좋든 싫든 인생이라는 오케스트라에서 자기 자신만의 아름다운 악기를 연주해야 합니다.

미국의 사상가 랄프 에머슨의 말을 끝으로 이번 이야기를 마치겠습니다.

"타인에 대한 질투와 모방은 결국 자기 자신을 해치게 됩니다. 우주에는 온갖 좋은 것이 넘쳐나지만, 자신에게 주어진 작은 경작지에서 수고하지 않으면 옥수수 한 톨 얻지 못하지요.

자기 자신에게 깃들어 있는 힘은 세상에서 유일한 것입니다. 자기가 무엇을 할 수 있는지는 오직 자신만이 대답할 수 있습니다."

나는 어린이 여러분이 에머슨의 말을 반복해 읽어 가슴 깊이 새겨 두기 바랍니다.

〈여섯 번째 이야기〉 운명이 레몬을 주면 레모네이드로 바꿔 봐

"레몬을 받으면 레모네이드로 바꿔라!"

이것은 미국의 종합 유통 업체 시어스로벅앤드컴퍼니의 대표였던 줄리어스 로젠월드의 말입니다. 자신에게 레몬처럼 시큼한 운명이 닥치더라도 슬기롭게 받아들여, 오히려 레모네이드라는 달콤한 성과를 거두라는 상징적인 문장이지요.

그런데 많은 사람들이 로젠월드의 말과는 정반대의 삶을 살고는 합니다. 가령 인생이 레몬을 주면 그것을 신경질적으로 내팽개치며 "이건 최악의 운명이야. 나는 실패했어!"라고 소리치는 식이지요. 그리고 그들은 세상을 원망하며 절망감에 빠져 들기 십상입니다.

그와 달리 슬기로운 사람들은 운명이 건넨 레몬을 기꺼이 받아
들며 이렇게 말합니다. "나는 이 난관에서 무엇을 배울 수 있을
까? 어떻게 해야 지금의 상황을 바람직한 방향으로 개선할까?
어떻게 이 레몬을 레모네이드로 바꿀까?"라고요.

어린이 여러분도 살다 보면 이런저런 운명에 맞닥뜨리게 됩니다. 그중 어떤 운명은 견디기 힘들 만큼 맵고 쓰게 마련이지요. 또 어떤 운명은 너무 시어서 얼굴을 잔뜩 찡그릴 수밖에 없을 만큼 고약합니다. 그럴 때 심리학자 알프레드 아들러의 충고를 되새겨 볼 만하지요. 그는 "인간은 마이너스를 플러스로 바꾸는 놀라운 능력을 가진 존재이다."라고 말했습니다. 여기서 마이너스를 레몬으로, 플러스를 레모네이드로 바꾸면 줄리어스 로젠월드가 한 말과 의미가 같지요.

몇 달 전, 나는 자신에게 닥친 마이너스의 운명을 플러스의 현실로 바꾼 청년을 만났습니다. 그는 하루 종일 휠체어에 앉아 생활하면서도 얼굴에서 미소를 잃지 않았지요. 그는 24살의 젊은 나이에 자동차 사고로 하반신 마비가 와 다시는 걷지 못하게 되었다고 말했습니다. 그 역시 처음에는 운명을 저주하며 하루하루 절망 속에 빠져 지냈지요. 툭하면 분노를 드러내며 괜히 주위 사람들에게 화풀이를 하고는 했습니다.

그러던 어느 날, 청년은 거울에 비친 자신의 모습을 가만히 바라보다가 이미 닥친 운명에 저항할수록 삶이 더욱 비참해진다는 데 생각이 미쳤습니다.

그날 이후 그는 완전히 다른 사람이 되었지요. 불편한 몸을 무릅쓰고, 가능한 한 주변 사람들을 배려하며 친절을 베풀었습니다.

설령 자신의 힘으로 어쩔 수 없는 어려움에 맞닥뜨리더라도 미소만큼은 잃지 않으려고 노력했지요. 그러다 보니 점점 자신의 운명을 긍정적으로 받아들이게 됐습니다.

"솔직히 그날의 사고는 지금 돌이켜 봐도 끔찍합니다. 하지만 그 사고가 있어 이전에는 생각지도 못했던 삶을 살게 됐지요. 이를테면 나는 독서를 참 지겨워했는데, 이제는 해마다 100여 권을 책을 읽을 만큼 재미를 붙였거든요. 클래식 음악에도 흥미를 갖게 됐고요. 내가 읽은 수많은 책들은 세상을 바라보는 새로운 시각을 갖게 해주었습니다. 또한 클래식 음악은 나의 정서를 풍요롭게 해 진정한 아름다움을 깨닫게 해주었지요."

나는 청년의 이야기를 들으며 크게 감동했습니다. 그야말로 그는 갑작스럽게 던져진 운명의 레몬을 끊임없는 노력을 통해 레모네이드로 바꾼 인생의 승리자였지요.

그동안 나는 성공적인 인생을 살아간 사람들을 연구하면서 놀라운 사실 하나를 알게 됐습니다. 그들은 대부분 역경을 견뎌 냈을 뿐만 아니라 역경을 사랑했지요. 역경이 그들을 더욱 분발하게 만들어 인생의 참다운 결실을 맺게 한 것입니다. 존 밀턴은 시각 장애가 있어 더 좋은 시를 쓸 수 있었고, 루트비히 판 베토벤은 청각 장애가 있어 더욱 훌륭한 음악을 창작했다고 말할 수 있지요. 그들 모두 자신에게 닥친 맵고 쓰고 시큼한 운명을 극복하기 위해 다른 사람들보다 몇 배 더 노력했으니까요.

어디 밀턴과 베토벤뿐인가요. 러시아 작곡가 표트르 차이콥스키는 순탄치 않은 가정생활에 자살을 시도할 만큼 힘든 삶을 살았지만, 어쩌면 그런 슬픔이 불멸의 교향곡 <비창>을 탄생시켰는지 모릅니다. 또한 위대한 작가 표트르 도스토옙스키는 평생 빚에 시달리는 절박한 삶 속에서 『죄와 벌』 같은 명작을 썼다고도 말할 수 있지요.

'북풍이 강인한 바이킹을 만들었다.'

이것은 북유럽 스칸디나비아 사람들이 자주 하는 말입니다. 여기서 북풍이란, 북극에서 휘몰아쳐 오는 몹시 차가운 바람을 일컫지요. 그러니까 이 말은 자연이 가져다 준 견디기 힘든 고난이 스칸디나비아 민족을 강하게 단련시켜 누구와도 싸워 지지 않는 용맹한 바이킹을 만들었다는 뜻입니다. 즉 그들도 운명의 레몬을 레모네이드로 변화시킨 셈이지요.

그렇듯 운명의 좋고 나쁨에 상관없이 자신의 책임을 기꺼이 감당하는 사람들에게 행복은 찾아오는 법입니다. 자기에게 닥친 운명에 쉽게 굴복한 채 불평불만만 늘어놓는 사람들은 푹신한 침대에 누워서도 자신을 불쌍히 여길 뿐이지요.

물론 인생을 살아가다 보면 너무 낙담해서 레몬을 레모네이드로 바꿀 조금의 가망조차 없다고 느낄 때가 있습니다. 그럼에도 우리가 계속해서 노력을 멈추지 말아야 할 2가지 이유가 있지요.

그중 첫 번째 이유는, 우리의 삶은 어떤 상황에서도 여전히 성공에 이를 가능성이 남아 있기 때문입니다.

단 1퍼센트의 확률만으로도 성공을 위해 최선을 다하는 것이 인간만이 가진 끈기와 집념입니다.

그리고 두 번째 이유는 비록 성공하지 못하더라도 마이너스를 플러스로 바꾸려는 시도, 레몬을 레모네이드로 만들려는 시도가 우리의 미래에 희망을 가져다주기 때문입니다.

부정적인 생각을 긍정적인 생각으로 변화시키면 창조적인 에너지가 발생하게 마련이지요. 그러면 현재는 설령 슬픔에 잠겨 있더라도 미래의 희망은 결코 사라지지 않습니다.

어린이 여러분, 덴마크 태생의 유명 바이올린 연주자 올레 불이 프랑스에서 공연했을 때의 실화를 소개하겠습니다. 그가 한창 음악에 심취해 연주하고 있는데 심각한 사건이 벌어졌지요. 아 글쎄, 바이올린의 줄 하나가 갑자기 끊어졌지 뭡니까. 그날따라 다른 바이올린으로 교체하는 것이 마땅치 않은데다, 관객들의 집중력을 흐트러뜨리지 않고 싶었던 불은 그대로 남은 3개의 줄로 연주를 마쳤습니다. 그의 노련한 솜씨 덕분에 이렇다 할 문제는 없었지요.

공연을 모두 끝낸 불은 관객들에게 당시 상황을 설명하며 양해를 구했습니다. 그리고는 이렇게 덧붙였지요.

"오늘 우리는 연주회장에서 인생을 제대로 느꼈습니다. 바이올린 줄 하나가 끊어져도 남은 3개의 줄로 연주를 마쳐야 하는 것이 인생이 아닐까요, 여러분?"

올레 불의 말에 관객들은 다시 한 번 큰 박수를 보내 주었습니다. 그는 공연 중에 자신에게 던져진 레몬을 멋지게 레모네이드로 만들었지요.

〈일곱 번째 이야기〉 타인에게 선행을 베풀어

오스트리아 출신 알프레드 아들러는 뛰어난 정신의학자이자 심리학자였습니다. 그는 자신을 찾아온 환자들에게 이렇게 말했지요.

"매일 어떻게 하면 남을 기쁘게 해줄지 생각해보세요. 그러면 당신은 2주 안에 우울증이 훨씬 나아질 것입니다."

그리고 한 가지 처방을 덧붙였습니다.

"당신이 하고 싶지 않은 일은 절대로 하지 마세요."

나는 이번 장 일곱 번째 이야기를 통해 위에 언급한 아들러의 말들이 어떤 의미인지 설명하려고 합니다. 그가 환자에게 해준 2가지 처방이 평화롭고 행복한 마음을 갖는 데 어떤 효과가 있는지 알아보도록 하지요.

먼저 다른 사람들을 기쁘게 해주는 삶의 자세에 대한 이야기입니다.

타인을 기쁘게 하는 가장 일반적인 방법은 선행을 베푸는 것입니다. 내가 아는 사람들 중에 프랭크 루프라는 남자가 있습니다. 그는 사회학 박사 학위를 가져 여러 대학에서 인기 있는 강사로 활동했지요. 그런데 그에게는 만만치 않은 삶의 난관이 닥쳤습니다. 벌써 20년 넘게 심한 관절염을 앓아 자주 병원에 입원해 치료를 받아 왔지요.

그럼에도 루프는 다른 사람들을 대할 때 늘 활기찬 표정이었습니다. 그렇게 오랫동안 투병하면서 어떻게 미소를 잃지 않을까 신기할 정도였지요. 나아가 그는 자신처럼 질병에 시달리는 동료 환자들을 위한 선행을 멈추지 않았습니다.

그는 틈날 때마다 병실을 돌아다니며 이런저런 책들을 나눠 주거나 고민거리를 상담해 최대한 도움을 주려고 노력했지요. 그가 권한 책들은 대부분 희망에 관한 내용을 담고 있어 환자들의 정신 안정에 큰 역할을 했습니다. 아울러 환자들의 고민에 진심으로 귀 기울이며 도움의 손길을 내밀어 무료하고 고통스러운 병원 생활에 활력을 불어넣었지요.

그럼 보통의 사람들과 프랭크 루프의 차이점은 무엇일까요? 그는 여느 사람들보다 뜨거운 목표 의식과 사명감을 가진 인물입니다. 그것은 자신의 성공을 위한 집념이면서, 타인에게 기쁨을 주려는 선량한 마음이지요.

그는 자신이 세상과 타인에게 숭고한 도구로 사용되는 것에 큰 보람을 느껴 왔습니다. 걸핏하면 세상이 자신을 기쁘게 하지 않는다며 불평하는 자기중심적인 사람들과는 정반대의 모습이지요.

알프레드 아들러는 남을 기쁘게 하는 선행에 놀라운 힘이 있다고 주장했습니다. 다른 사람들을 기쁘게 하다 보면 우리가 지나치게 자기 자신에 대해 생각하는 것을 멈추게 된다고 말했지요.

그것은 곧 스스로에 대한 걱정과 두려움, 우울증에서 벗어나게 된다는 의미였습니다. 다시 말해, 타인을 위한 선행은 상대방을 기쁘게 하면서 자신의 고민거리를 덜어 내는 데도 도움이 된다는 뜻입니다.

다음은 '당신이 하고 싶지 않은 일은 절대로 하지 말라.'는 처방에 대한 이야기입니다.

실제로 알프레드 아들러는 정신 불안 증세를 겪는 많은 환자들에게 그렇게 처방해 상당한 치료 효과를 보았다고 강조했습니다. 그는 환자들에게 "당신이 하고 싶은 일을 하세요."라고 말하지 않았지요.

왜 그랬을까요? 만약 아들러가 "당신이 하고 싶은 일을 하세요."라고 말했다면 대부분의 환자들이 "저는 하고 싶은 일이 아무것도 없어요."라고 시큰둥하게 대답했을 것입니다. 정신 질환을 겪는 적지 않은 환자들이 무기력증에 빠져 있기 때문이지요. 그런 사람들에게 어떤 일에 의욕을 가지라고 조언하는 것은 오히려 부작용을 낳을 뿐입니다.

자기가 하고 싶은 일을 하는 것에 비해, 하고 싶지 않은 일을 하지 않는 것은 얼핏 소극적인 태도로 보입니다. 하지만 아들러는 그런 과정을 통해 우울증 같은 정신 질환을 겪는 환자들이 자존감을 갖게 된다고 보았지요. 억지로 하기 싫은 일을 하는 것보다는 스스로 어떤 일을 하지 않는 것이 환자에게 자신에 대한 만족감을 키워 주니까요.

그렇게 시간이 좀 더 흐르면, 환자는 자연스럽게 주변에 눈길을 주는 변화를 보이게 됩니다. 자기가 하고 싶지 않은 일을 하지 않는 단계를 벗어나 스스로 하고 싶은 일을 조금씩 찾는 것이지요. 그럴 때 타인에게 선행을 베푸는 경험을 유도하면 더욱 평화롭고 행복한 마음을 갖게 해 치료 효과를 높입니다.

그런데 여기서 말하는 타인에 대한 선행이 꼭 거창한 것을 의미하지는 않습니다. 우리가 일상생활을 하면서 만나는 사람들에게 내보이는 작은 친절과 예의가 모두 선행에 포함되지요. 이를테면 마트 계산원에게 먼저 인사를 건네는 것, 음식을 가져다준 식당 종업원에게 고맙다고 말하는 것, 기다리던 물건을 배달해 준 택배 기사에게 시원한 물 한잔을 대접하는 것 등이 모두 타인을 위한 선행입니다.

그러니까 알프레드 아들러가 이야기하는 선행은 플로렌스 나이팅게일 같은 희생을 요구하는 것이 아닙니다. 또한 엄청난 선행을 통해 이 사회를 탈바꿈시키는 개혁을 기대하는 것도 아니지요. 당장 내일 아침부터 여러분이 주변에서 만나는 사람들에게 작은 선행을 베풀면 그만인 것입니다. 그러면 그것이 오히려 선행을 베푸는 사람에게 더 큰 자부심과 만족감, 나아가 행복감을 느끼게 하지요.

여러분은 "남에게 선행을 베풀 때 인간은 스스로에게 최선을 다하는 것이다."라는 벤저민 프랭클린의 말을 꼭 명심할 필요가 있습니다.

어느 날 나는 공원을 걷다가 개를 데리고 산책 나온 한 여성과 마주쳤습니다. 내가 그녀에게 가볍게 눈인사를 건네며 말했지요.

"개가 참 예쁘게 생겼네요."

그러자 그녀가 활짝 웃으며 대답했습니다.

"고맙습니다, 선생님! 즐거운 하루 되세요."

나는 개가 예쁘다는 한마디의 말을 했을 뿐인데, 그녀는 더없이 기쁜 표정으로 인사했습니다. 나에게 즐겁게 산책하라는 덕담까지 덧붙이면서 말이지요.

개가 예쁘다고 한 나의 말 역시 넓게 보면 타인에 대한 선행이라고 할 수 있습니다. 그냥 지나칠 수도 있었지만, 상대방이 아끼는 대상을 칭찬해 기쁨을 느끼게 해주었으니까요. 그렇듯 타인에 대한 선행은 서로가 평화롭고 행복한 마음을 갖는 데 큰 도움이 됩니다.

"만일 인생에서 기쁨을 얻고자 한다면, 자신의 삶뿐만 아니라 다른 사람의 삶도 좀 더 나아지도록 노력해야 합니다. 나의 행복은 결국 다른 사람과 함께하는 생활 속에서 만들어지기 때문이지요."

이것은 미국 작가 시어도어 드라이저의 말입니다. 세월이 갈수록 점점 더 각박해지는 현대 사회에서 우리 모두가 한번쯤 되새겨 봐야 할 조언입니다.

자, 그럼 이번 장에서 함께 공부한 내용을 정리해 볼까요? 아래의 7가지 규칙은 어린이 여러분이 앞으로 평화롭고 행복한 삶을 살아가는 데 중요한 길잡이가 될 것입니다.

☑ 1. 유쾌하게 생각하고 유쾌하게 행동해 우리의 마음을 평화와 용기와 희망의 생각으로 가득 채우자. 인생은 우리가 생각하는 대로 만들어지니까.

• •

☑ 2. 미워하는 사람에게 앙갚음하려 들지 마라. 그러면 상대방보다 나 자신이 더 많이 상처를 입게 되니까.

• •

☑ 3. 내가 호의를 베풀었다고 해서 대가를 바라지 마라. 상대방이 은혜를 갚을 것이라고 기대하지 말고, 은혜를 모른다며 화내지 마라. 상대방의 감사를 기대하지 않고 베풀어야 진정한 행복을 느끼게 되니까.

• •

☑ 4. 자꾸 문제점을 떠올리며 괴로워하지 마라. 내가 가진 축복을 떠올리며 감사하라.

• •

☑ 5. 다른 사람을 부러워하며 흉내 내지 말고 자기 자신을 긍정하라. 나 자신의 참모습을 발견하여 개성 있게 살아가라.

• •

☑ 6. 운명이 우리에게 시큼한 레몬을 주면 달콤한 레모네이드를 만들기 위해 노력하라.

• •

☑ 7. 다른 사람의 행복을 위해 노력하며 나의 불행을 잊어라. 내가 남에게 선행을 베풀면, 그것이 곧 나에게 가장 좋은 일을 하는 것이니까.

• •

잠깐, 스스로 생각해봐

■ 운명의 신은 헬렌 켈러에게 매우 시다 못해 쓴맛까지 나는 레몬을 주었습니다. 그 운명을 레모네이드로 바꾼 헬렌 켈러의 위인전을 읽고 느낀 점을 적어 보아요.

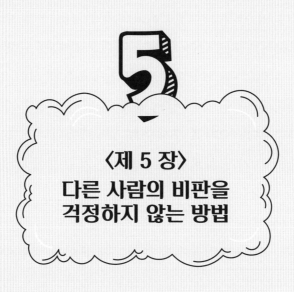

〈제 5 장〉
다른 사람의 비판을
걱정하지 않는 방법

〈첫 번째 이야기〉 내가 잘났으니까 걷어차는 거야

많은 사람들이 자기보다 성공하고 똑똑한 사람들을 비난하며 쾌감을 얻고는 합니다. 나는 언젠가 라디오 방송에 출연해 구세군을 창립한 윌리엄 부스에 대해 존경심을 표현한 적이 있지요. 부스는 삼십대 중반에 영국 런던 동부의 빈민굴에서 기독교 전도 활동을 펼친 것을 계기로 구세군을 조직했습니다. 그는 종교 활동과 함께 여러 가지 사회사업을 벌여 빈민 구제에 앞장섰지요.

그런데 세상에는 윌리엄 부스를 못마땅해 하는 사람들이 적지 않았습니다. 그가 빈민들에게 무관심한 교회를 비판한 탓이었지요. 그에 대한 평범한 사람들의 지지가 높아질수록 비난의 소리도 점점 커졌습니다. 그 후 제법 세월이 흐른 뒤에도 부스에 대한 비판의 소리는 사라지지 않았지요.

나는 라디오 방송을 마치고 나서 일주일 만에 아직도 부스를 싫어하는 사람들이 있다는 사실을 새삼 알게 됐습니다.

라디오 방송국을 통해 내게 한 통의 편지가 전해졌지요. 거기에는 다음과 같은 내용이 쓰여 있었습니다.

'선생님께서 윌리엄 부스가 훌륭한 인물이라고 말씀하시는 것을 듣고 큰 충격을 받았습니다. 그는 빈민 구제를 하겠다며 돈을 모금해서는 횡령하기 일쑤였지요. 겉으로는 선행하는 척하면서 뒤로는 자기의 잇속을 챙긴 것입니다.'

하지만 나는 편지의 내용이 진실이 아니라는 것을 잘 알고 있었습니다.

그동안 여러 차례 윌리엄 부스를 고발하는 소송이 벌어졌지만 번번이 사실이 아닌 것으로 밝혀졌지요. 그것은 기존 교회를 비판하며 구세군을 창립한 윌리엄 부스에 대한 모함일 뿐이었습니다.

사람들이 자기보다 성공하고 똑똑한 인물에게 괜한 심술을 부린 사례는 아주 많습니다. 그것은 대부분 질투심에서 비롯된 근거 없는 비난이었지요. 오래전 미국에서도 그와 같은 일이 벌어졌습니다. 로버트 허친스라는 사람이 시카고대학교 총장에 취임했기 때문이지요. 대체 무슨 일이 있었던 것일까요?

"쳇, 고작 30살짜리 풋내기가 대학 총장 자리에 앉는 게 말이 돼?"
"그러게. 그것도 명문으로 손꼽히는 시카고대학에서 말이야."

그랬습니다. 교육계에서 일하는 많은 학자들과 교수들이 허친스의 총장 임명을 두고 비난의 말을 쏟아냈지요. 첫 번째 이유는 그의 나이가 30살에 불과했기 때문입니다. 그보다 나이가 훨씬 많은 교수들로서는 소외감과 질투심을 느낄 수밖에 없었지요.

그리고 두 번째 이유는 허친스가 별 볼 일 없는 집안에서 자라났기 때문입니다. 그는 집이 가난해 웨이터와 벌목 노동자, 가정교사 등의 일을 하며 힘겹게 예일대학교를 졸업했지요. 20세기 초만 해도 은근히 명문가 출신을 따지던 사회 분위기에 허친스의 피나는 노력은 그에 걸맞은 평가를 받지 못했습니다.

로버트 허친스의 시카고대학교 총장 취임에 대한 비난은 언론을 통해서도 계속됐습니다. 몇몇 신문사에서는 그가 사회 경험이 없다느니, 잘못된 교육관을 갖고 있다느니 하면서 신랄한 비난 기사를 싣기까지 했지요.

어느 날, 허친스를 아끼는 사람들이 그의 아버지를 찾아가 위로했습니다.

"아드님을 비난하는 말들에 너무 신경 쓰지 마세요. 시간이 좀 지나면 잠잠해질 것입니다."

그런데 사람들의 걱정과 달리 허친스 아버지의 표정은 너무나 담담했습니다. 그가 오히려 미소 띤 얼굴로 사람들을 달랬지요.

"여러분이 나보다 더 걱정이 큰 것 같군요. 하지만 나도 그렇고 아들도 그렇고 그런 비난에 흔들릴 만큼 나약하지 않습니다.

'죽은 개는 아무도 걷어차지 않는다.'라는 말도 있지 않습니까? 이게 다 나의 아들이 열심히 노력해 성공한 대가라고 생각하면 그만입니다."

"나는 로버트 허친스와 그의 아버지에 관한 일화를 처음 알고 나서 무릎을 탁 쳤습니다. 다른 사람들의 비판에 대처하는 가장 슬기로운 방법이라고 생각했기 때문이지요. 만약 어린이 여러분이 누군가에게 부당한 비판을 받는다면 허친스의 아버지가 한 말을 떠올려 봐야 합니다. 비판의 대상이 된다는 것은 여러분이 무언가를 이루어 관심과 부러움을 받는다는 뜻이기도 하니까요.

한 가지 사례를 더 이야기하겠습니다. 이번에는 1909년 4월 6일, 인류 최초로 북극에 도달해 첫 발자국을 남긴 탐험가 로버트 피어리의 일화입니다.

피어리는 북극 탐험에 나섰다가 숱한 고난에 맞닥뜨렸습니다. 극심한 추위와 굶주림 탓에 여러 차례 죽을 고비를 넘겼지요. 발에 심한 동상이 걸려 발가락을 잘라 내는 고통까지 겪었습니다.

그럼에도 그는 절대로 포기하지 않아 3번의 도전 끝에 마침내 북극 극지에 도달했지요.

그런데 피어리의 성공 소식이 알려지자 축하의 박수 못지않게 비난의 소리가 들려왔습니다. 피어리는 당시 미국 해군에 소속되어 있었는데, 그의 상관들이 얼토당토않은 트집을 잡기 시작한 것입니다. 심지어 탐험 비용을 마련하기 위해 모금 활동을 벌인 일까지 들춰 내 부패한 군인 취급을 하기도 했지요.

그것은 피어리가 상관의 명령에 복종하며 아무런 야망도 갖지 않았더라면 듣지 않았을 비난이었습니다. 달리 말하면, 피어리가 상관들에게마저 질투를 불러일으킬 만큼 중요한 인물이 되었다는 뜻이지요. 그때만 해도 북극 극지에 도달한다는 것은 누구도 섣불리 엄두내지 못할 대단한 업적이었으니까요.

"하찮은 사람들은 위대한 사람들의 작은 결점에 손가락질하며 커다란 즐거움을 느낀다."

이것은 윌리엄 셰익스피어의 말입니다.

만약 여러분에게 누군가 근거 없는 비난을 한다면 '내가 잘났으니까 걷어차는 거야.'라고 생각하면 그만입니다. 앞서 로버트 허친스의 아버지가 말한 것처럼 죽은 개는 아무도 걷어차지 않으니까요. 물론 살아 있는 개도 함부로 걷어차면 안 되지만 말입니다.

〈두 번째 이야기〉 그냥 별일 아닌 듯 웃어넘겨

나는 평생 직업 군인으로 살아온 남자를 알고 있습니다. 그는 미국 해병대를 지휘했던 스메들리 버틀러 장군이지요. 버틀러는 자신의 이름보다 '늙은 송곳눈'이나 '지옥의 악마'라는 별명으로 더 잘 알려진 인물입니다.

나는 한 언론사의 부탁으로 버틀러와 인터뷰를 한 적이 있습니다. 그는 해병대 장군답게 목소리가 우렁차고 모든 행동에 절도가 있었지요. 나는 그에게 젊은 시절에는 성격이 어땠는지 물었습니다. 그러면서 원래 타고난 성품이 그럴 것이라고 짐작했지요. 하지만 버틀러의 대답은 나의 예상과 달랐습니다.

"나는 젊었을 때 소심한 성격이었습니다. 누가 나를 조금이라도 비난하면 밤잠을 못 이룰 만큼 속상해했어요. 그때 나는 모든 사람들에게 좋은 인상을 주고 싶었지요. 단 한 사람이라도 나를 못마땅해 할까 봐 말 한마디, 행동 하나까지 늘 신경 썼습니다."

나는 버틀러의 말에 궁금증이 생겨 다시 질문했습니다.

"그럼 장군님은 언제부터 지금과 같은 성격으로 바뀌셨나요?"

"내 성격은 해병대 생활을 하면서부터 조금씩 달라졌습니다. 어느덧 30년 넘게 군 생활을 하다 보니 얼굴이 두꺼워졌다고나 할까요? 그동안 나는 숱한 욕설을 듣고 모욕을 당하기도 했습니다. 해병대 군기가 원체 세니까 종종 그런 일이 벌어졌지요.

그런데 희한하게 시간이 지날수록 점점 더 대범해지는 나 자신을 발견할 수 있었습니다. 힘든 훈련과 상급자들의 강압적인 태도는 오히려 나를 단련시키는 계기가 됐지요. 이제 나는 웬만한 비난쯤 별일 아닌 듯 웃어넘기는 성격으로 완전히 바뀌었습니다. 스스로 나를 돌이켜봤을 때 부끄러움이 없으면 그만이니까요. 누가 뭐라고 하든지 내가 정정당당하면 움츠러들 까닭이 없습니다."

나는 버틀러와 인터뷰를 마치고 나서 교훈 하나를 얻었습니다. 어쩌면 그는 이제 자신을 향한 비판에 너무 무감각해졌는지 모릅니다. '늙은 송곳눈'이나 '지옥의 악마'라는 별명도 대수롭지 않게 받아들였으니까요. 그럼에도 그는 엄격한 잣대로 스스로 자신을 판단할 뿐 타인의 평가에 흔들리지 않았습니다. 그의 말마따나 자기 자신을 돌이켜봤을 때 부끄러움이 없으면 그만이니까요.

많은 사람들은 여전히 버틀러의 젊은 시절처럼 타인의 비난 하나하나에 지나치게 예민한 반응을 보이고는 합니다. 누군가 무심코 던진 비판의 말이나 조롱에도 안절부절못하지요. 상대방의 사소한 공격을 너무 심각하게 받아들이는 것입니다.

하지만 곰곰이 생각해 보면 그럴 필요가 있을까요?

물론 타인의 평가는 인생을 살아가는 데 중요한 기준이 됩니다. 다른 사람들의 평가가 나를 돌아보는 계기가 될 수도 있지요. 그럼에도 타인의 사소한 비판과 조롱에 지나치게 마음을 졸이면 자신의 삶을 주도적으로 꾸려가기 어렵습니다. 올바른 길을 가면서도 쓸데없는 걱정에 휩싸이기 십상이지요.

나는 한 잡지에서 엘리너 루스벨트에 관한 이야기를 읽은 적이 있습니다. 그녀는 미국 제32대 대통령 프랭클린 루스벨트의 아내지요. 예나 지금이나 대통령 못지않게 영부인도 정치적 경쟁자들에게 온갖 비난을 들어야 했습니다. 그녀는 크고 작은 비난에 시달리다가 평소 가깝게 지내는 남편의 누나를 찾아가 자문을 구했지요.

"사실 나는 성격이 대범하지 못해요. 누구한테 조금이라도 싫은 소리를 들으면 오랫동안 신경이 쓰이지요. 이제 영부인으로서 이런저런 일을 해보고 싶은데, 또 어떤 비난을 듣게 될까 걱정스럽네요."

그러자 루스벨트 대통령의 누나가 그녀의 손을 잡으며 말했습니다.

"자기 마음속에서 옳다는 판단이 들면 다른 사람들이 이러쿵저러쿵 이야기하는 것에 절대 신경 쓰지 마. 어차피 영부인이라는 자리는 정치적으로 반대편에 있는 사람들한테 비난을 듣게 마련이니까. 그들은 무슨 일을 해도 자네를 곱게 바라보지 않을 거야."

그 조언에 엘리너 루스벨트는 큰 힘을 얻었습니다. 그날 이후 그
녀는 영부인으로서 여러 가지 일들을 좀 더 과감하게 해 나갈 수
있었지요.

사실 사람들은 타인의 삶에 별 관심이 없습니다. 깊이 관심을 가
져 자세히 알아보고 비난하는 것이 아니라 그냥 기분 내키는 대
로 섣불리 자기의 감정을 쏟아내기 일쑤지요. 사람들의 머릿속은
하루 종일 자기 자신에 대한 생각으로 가득 차 있습니다.

아마 내가 죽었다는 뉴스가 신문에 실려도, 나를 아는 대부분의 사람들은 오늘 저녁 식사로 먹을 메뉴에 더 관심을 기울일지 모릅니다. 그러니 다른 사람들이 나를 어떻게 평가할지 걱정하며 지나치게 마음을 쓸 까닭이 없는 것이지요.

다른 사람들이 나에 대해 부당한 평가를 하는 것은 막을 수가 없습니다. 하지만 그런 부당한 평가에 흔들리는 것은 나 자신에게 달린 문제지요. 세상의 숱한 비난들 중 대부분은 그냥 별일 아닌 듯 웃어넘겨도 그만입니다.

내가 생각하기에, 타인의 비난에 슬기롭게 대처한 대표적인 인물은 에이브러햄 링컨입니다. 그는 자신에게 쏟아지는 비난에 일일이 대응하는 것이 부질없다는 사실을 일찌감치 깨달았지요. 그가 만약 다른 사람들의 부당한 비난에 신경을 곤두세웠다면 남북 전쟁을 승리로 이끌기 전에 쓰러졌을 것이 틀림없습니다.

'내가 받는 무수한 공격에 신경 쓰느니 당장 대통령을 그만두고 다른 일을 하는 편이 낫다. 나는 지금처럼 묵묵히 나의 길을 가면 된다. 끝까지 최선을 다하는 것이 가장 중요하니까. 나는 다른 사람들의 비난에 일일이 반응하기보다 목표로 하는 일에 좋은 결과를 내기 위해 노력해야 한다. 내가 최선을 다해 바라는 결과를 얻지 못한다면, 천사들이 모두 나를 칭찬해도 대통령으로서 맡은 바 역할을 해내는 데 도움이 되지 않는다.'

이것은 링컨이 남긴 여러 기록물들 가운데 들어 있는 글입니다.

제2차 세계 대전의 명장 더글러스 맥아더 장군은 이 글을 담은 액자를 자신의 책상에 놓아두었지요. 또한 영국의 위대한 정치가 윈스턴 처칠도 자신의 서재 한쪽에 링컨의 글을 붙여 놓았다고 합니다.

⟨세 번째 이야기⟩ 비판을 받아들여 반성하면 돼

"나는 어리석었다. 참으로 많은 잘못을 저질렀다."

이것은 이스라엘 민족의 초대 왕 사울이 한 말입니다. 그는 지금으로부터 무려 3천 년 전 사람이지요. 까마득한 옛날이나 지금이나 인간은 일생을 살아가면서 참 많은 실수와 잘못을 범하는 듯합니다. 물론 나 역시 다르지 않고요.

나는 사무실에 아주 많은 분량의 서류들을 보관하고 있습니다. 그중에는 '내가 저지른 바보 같은 일들'이라는 서류철이 있지요. 말 그대로, 부끄럽지만 내가 저지른 실수와 잘못들을 기록해 놓은 것입니다. 나는 틈날 때마다 그 서류철을 꺼내 보며 똑같은 실수와 잘못을 반복하지 않기 위해 자신을 돌아보지요.

나는 젊은 시절에 어떤 일이 잘못되면 세상 탓, 남 탓을 하기 일
쑤였습니다. 하지만 점점 나이가 들고 강연 활동을 하면서 그런
습관에 큰 문제가 있다는 것을 깨달았지요. 세인트헬레나 섬에
유배당했던 나폴레옹 보나파르트가 "내가 몰락한 책임은 순전히
나에게 있다."라고 했다는데, 나의 생각이 그와 똑같았습니다.

자신의 삶을 스스로 반성하며 자기관리를 철저히 한 대표적인 인물은 벤저민 프랭클린입니다. 그는 매일 밤 자신의 일과를 돌이켜보며 반성의 시간을 가졌지요. 그의 반성 목록에는 시간 낭비를 하지 않았는지, 사소한 일에 흥분하지 않았는지, 쓸데없는 논쟁을 벌이지 않았는지 등 모두 13가지 항목이 들어 있었습니다.

프랭클린이 그처럼 구체적으로 매일같이 일상을 되돌아본 이유는 무엇이었을까요?

그는 누구보다 현명한 사람이었기에 그 결점들을 극복하지 못하면 자신의 삶이 더 이상 앞으로 나아갈 수 없다는 것을 깨달았습니다. 그래서 그는 매주 자신의 결점 중 하나를 선택해 일주일 동안 고집스럽게 바로잡으려고 노력했지요. 그 다음 주에는 또 다른 결점 하나를 반성의 링으로 불러내 글러브를 낀 권투 선수처럼 치열하게 맞서 싸웠고요.

그와 같은 노력을 꾸준히 했기에 프랭클린은 오늘날까지 미국에서 존경받는 인물이 될 수 있었습니다.

벤저민 프랭클린처럼 자기 자신을 스스로 반성하는 것은 우리가 꼭 본받아야 할 바람직한 삶의 자세입니다. 누군가 우리를 비판하기 전에 스스로 실수와 잘못을 바로잡는 것이 최선이니까요.

『종의 기원』이라는 훌륭한 책을 남긴 찰스 다윈도 그렇게 행동했습니다. 다윈은 원고를 다 쓴 뒤 세상의 창조에 대한 자신의 혁명적인 이론이 교육계와 종교계에 엄청난 충격을 줄 것이라고 예상했지요. 그래서 그는 스스로 자신의 비판자가 되어 몇 번씩이나 원고의 내용을 확인하고 검증하는 데 무려 15년의 시간을 보냈습니다.

그렇다면, 내가 스스로 반성하며 실수와 잘못을 바로잡으려고 노력하는데도 누군가 비판을 멈추지 않는다면 어떻게 해야 할까요?

그럴 때는 기꺼이 다른 사람들의 비판을 받아들이는 태도를 가져야 합니다. 인격적으로 성숙하지 못한 사람은 타인의 사소한 비판에도 감정적으로 대응하지요. 하지만 슬기로운 사람은 타인의 비판을 오히려 자기 발전의 계기로 삼습니다. 미국 시인 월터 휘트먼은 "당신을 좋아하고, 존경하며, 공손하게 대하는 사람에게만 무엇을 배우려고 하면 안 됩니다. 당신을 거부하고, 비난하며, 툭하면 갈등을 일으키려는 사람에게도 무언가를 배울 줄 알아야 합니다."라고 충고했지요.

만약 누군가 여러분에게 "이 바보야!"라고 소리친다면 어떻게 하겠습니까?

네, 당연히 대부분의 사람들은 상대방에게 목소리 높여 항의하겠지요. 일부는 멱살잡이를 하며 주먹다짐을 벌일 수도 있습니다.

그런데 에이브러햄 링컨은 달랐습니다. 실제로 그는 자신이 임명한 국방부 장관 에드워드 스탠튼에게 "대통령은 정말 바보 같군!"이라는 비난을 들었습니다. 링컨이 대통령으로서 국방부 업무에 자꾸만 간섭하자 벌어진 일이었지요. 비록 비서를 통해 전해들은 이야기였지만, 스탠튼의 도를 넘은 분노에 링컨은 해임 통보를 할 수도 있었습니다. 하지만 그는 그렇게 하지 않았지요.

"국방부 장관이 바보라고 하니, 내게 그런 비난을 들을 만한 구석이 있나 보군. 지금까지 스탠튼은 잘못된 판단을 한 적이 거의 없으니까 말이야. 내가 직접 그를 만나서 이야기를 한번 해봐야겠어."

그리고 링컨은 곧장 스탠튼을 찾아가 서로 다른 판단에 대해 의견을 나누었습니다. 스탠튼은 당당히 각종 자료를 제시하며 대통령의 지시가 잘못되었다는 주장을 굽히지 않았지요.

그러자 놀랍게도 링컨은 고개를 끄덕이며 흔쾌히 국방부 장관의 의견을 따르기로 결심했습니다. 자신을 향한 스탠튼의 비판이 건설적이고, 진실하며, 객관적인 자료에 근거한 것이라고 생각했기 때문이지요.

어린이 여러분도 링컨과 스탠튼의 일화를 반드시 기억할 필요가 있습니다. 설령 누가 나를 "이 바보야!"라고 비판한다고 해도 다짜고짜 흥분하기보다 그 이유를 곰곰이 따져 볼 줄 알아야 합니다. 그럴 만한 타당한 이유가 있는 비판이라면 기꺼이 받아들여야 하지요.

"나를 비판하는 사람의 생각이, 스스로에 대한 나 자신의 생각보다 더 진실에 가깝다."

이것은 17세기 프랑스 작가 라 로슈푸코의 말입니다.

나는 어린이 여러분이 이 말에 담긴 속뜻을 이해하기 바랍니다. 그래야만 타인의 비판을 헤아려 자기 자신을 반성할 수 있으니까요. 그리고 그 과정을 통해 자신의 삶을 한 단계 더 성숙하게 만들어 갈 수 있으니까요.

우리는 누군가 나를 비판하기 시작하면 그 의미를 제대로 이해하지도 않은 채 무작정 반발합니다. 무조건 칭찬에 기뻐하고, 비판에는 화를 내지요. 어쩌면 인간의 이성은 폭풍이 휘몰아치는 캄캄한 감정의 바다에서 이리저리 흔들리는 작은 돛단배와 같은지 모릅니다. 하지만 그런 삶의 자세로는 결코 자신을 발전시킬 수 없습니다.

이번 장의 이야기를 모두 읽은 어린이 여러분은 이제 타인의 비판을 슬기롭게 받아들일 줄 아는 사람이 되어야 합니다. 누군가 나를 흉본다고 해서 무턱대고 화를 내면 안 됩니다. 그 대신 상대방의 비판을 겸손한 태도로 받아들여 자신을 반성하는 기회로 삼아야 합니다. 그러면 나를 비판하는 상대방이 어리둥절해하며, 오히려 나를 존중하게 됩니다.

어차피 모든 인간은 완벽하지 않습니다. 누구나 실수하고 잘못을 저지릅니다. 그래서 누군가 그것을 비판하면 기꺼이 받아들여 반성하면 됩니다. 다른 사람들의 비판을 통해 나를 성장시키면 더 바랄 나위 없습니다.

아래 내용을 모두 함께 큰 소리로 따라 읽어 볼까요?

이제 누군가 나를 비판해도 걱정하지 않습니다. 왜냐하면 우리는 다음의 3가지 규칙을 잊지 않았기 때문입니다.

1. 내가 잘났으니까 걷어차는 거야. 내가 별 볼 일 없으면 누가 신경이나 쓰겠어?

2. 그냥 별일 아닌 듯 웃어넘겨. 다른 사람들의 비난에 일일이 반응할 필요 없어.

3. 기꺼이 비판을 받아들여 반성하면 돼. 그게 곧 나의 삶을 성숙하게 만드는 길이야.

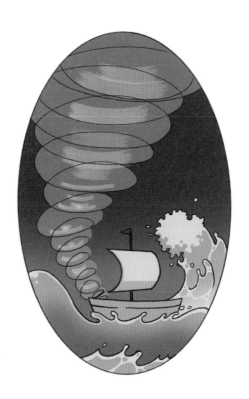

잠깐, 스스로 생각해봐

■ 여러분은 친구에게 잘못을 지적받거나, 친구의 잘못을 지적한 경험이 있나요? 당시 상황을 떠올려 그 비판이 타당했는지 생각해 봐요. 그리고 이유를 적어 봐요.

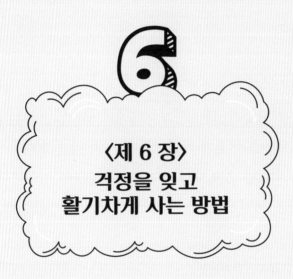

〈제 6 장〉
걱정을 잊고
활기차게 사는 방법

⟨첫 번째 이야기⟩ 하루를 25시간으로 늘리기

많은 어린이들이 '하루를 25시간으로 늘리기'라는 제목을 보자마자 고개를 갸웃하겠지요. 누구에게나 하루는 24시간이 주어지는데, 그 시간을 어떻게 매일 한 시간씩이나 늘린다는 말인지 선뜻 이해되지 않을 것입니다. 그렇지만 분명히 이야기하건대, 우리는 하루를 24시간이 아니라 25시간으로 살아갈 수 있습니다.

그 방법이 궁금하다고요?

물론 여기서 내가 말한 25시간은 실제의 시간이 아닙니다. 하루는 똑같이 24시간이지만 마치 25시간인 것처럼 생활할 수 있다는 뜻이지요. 그 방법을 결론부터 이야기하면, 바쁜 일과 중에 반드시 쉬는 시간을 가지라는 것입니다. 피로가 쌓여 건강을 해치고 일의 능률이 나빠지기 전에 충분히 휴식해 재충전의 시간을 가지라는 것이지요.

이쯤에서 몇몇 어린이들이 도저히 이해할 수 없다는 표정으로 내게 질문할지 모르겠네요. "선생님은 왜 갑자기 피로에 대해 이야기하시나요?"라고요. 내가 이번 장에서 피로를 언급하는 까닭은 그것이 곧 걱정을 불러오기 때문입니다.

흔히 사람들은 피로가 몸의 균형을 망가뜨려 신체 건강에 문제를 일으킨다고 생각합니다. 하지만 피로는 육체뿐만 아니라 정신 건강에도 나쁜 영향을 끼치지요. 정신의학과 의사들은 피로가 공포와 걱정이라는 감정에 대한 저항력을 떨어뜨린다고 강조합니다. 그러므로 가능한 한 피로를 줄여야 걱정을 예방할 수 있다고 조언하지요.

그와 같은 피로의 위험성을 자주 이야기한 전문가들 중에 미국 시카고임상생리학연구소 소장으로 일했던 제이 콥슨 박사가 있습니다. 그는 일상생활에서 걱정과 긴장을 줄이는 방법에 관한 책을 2권이나 썼는데 그 제목이 '적극적 휴식'과 '당신은 쉬어야 한다'였지요. 책 제목만 들어도 어떤 내용일지 감이 오지 않나요?

콥슨은 자신의 책에서 걱정과 긴장을 없애려면 휴식을 통해 피로를 줄여야 한다고 주장했습니다. 바쁜 일과 속에서도 쉬는 시간을 충분히 가져야 심리 상태가 이완되고, 그래야만 걱정과 긴장이 고개를 내밀지 못한다는 것이지요. 여러분이 이미 알고 있는 단어겠지만, 이완이란 바짝 조였던 것이 느슨해진 상태를 말합니다.

일찍이 미국의 군대는 쉬는 시간의 중요성을 깨달았습니다. 미군은 계속된 실험을 통해 아무리 건장한 청년이라 하더라도 적절히 휴식해야만 더 많이 행군하고 더 강한 훈련을 견뎌 낼 수 있다는 사실을 알았지요. 그래서 그들은 50분 동안 훈련하면 꼭 10분씩 쉬는 규칙을 만들었습니다. 매 시간 주어지는 달콤한 10분의 휴식으로 군인들은 지친 몸과 마음을 추슬러 더욱 활기차게 훈련을 받게 됐지요.

여러분이 알고 있는 위인들 중에도 적절한 휴식을 통해 에너지를 재충전한 사람들이 적지 않습니다. 가장 먼저 손꼽을 만한 인물이 영국의 총리를 지낸 윈스턴 처칠이지요.

처칠이 제2차 세계 대전을 지휘할 때, 그의 나이는 무려 60대 후반에서 70대 초반이었습니다. 그 몇 년 동안 처칠은 하루에 16시간씩 일하는 놀라운 체력을 보여 주었지요.

그 비결이 무엇이었을까요?

그것은 다름 아닌 낮잠이었습니다. 그는 매일 점심 식사를 하고 나서 1시간씩, 오후 일과를 마치고 저녁 식사를 하기 전까지 2시간씩 낮잠을 즐겼다고 합니다. 그렇게 자주 쉬었기 때문에 처칠은 열정적으로 수많은 보고서를 읽고, 여러 가지 중요한 결정을 내리고, 숱한 사람들과 회의를 했지요. 항상 맑은 정신으로 아침 일찍부터 밤늦게까지 집중해 일할 수 있었습니다. 그러니까 그는 낮잠을 통해 피로에서 회복한 것이 아니라 피로가 아예 싹을 틔우지 못하도록 한 것이지요.

처칠처럼 낮잠을 통해 피로를 줄인 인물은 또 있습니다. 바로 미국의 백만장자 석유 사업가 존 록펠러가 그랬지요. 그는 매일 낮 30분씩 짧게 낮잠을 즐기는 습관이 있었습니다. 대개 사무실 소파에 누워 잠을 자고는 했는데, 그 시간에는 설령 대통령이 전화를 걸어도 깨울 수 없었다고 합니다. 록펠러 역시 그와 같은 방법으로 피로를 없애 스트레스를 줄였고, 그 결과 사업에 승승장구하며 98살까지 장수했지요.

그 밖에 발명왕 토머스 에디슨도 잠을 통한 휴식의 장점을 여러 차례 이야기했습니다. 그는 독특하게 자신이 잠을 자고 싶으면 아무 때나 미련 없이 잠자리에 든다고 털어놓았지요. 그것이 에디슨의 놀랄 만한 지구력과 넘치는 에너지의 비결이었습니다.

"휴식은 그냥 아무것도 하지 않는 상태가 아니다. 휴식은 우리의 몸과 정신을 치유하는 과정이다."

이것은 의사 다니엘 조슬린이 『왜 피곤한가?』라는 책에서 한 말입니다.

어린이 여러분은 인간의 심장이 하루 종일 얼마나 많은 에너지를 소모하는지 알고 있나요? 과학자들은 그것이 매일 석탄 20톤을 약 1미터 높이로 퍼 올리는 에너지와 비슷하다고 설명합니다.

또한 심장은 매일 10만 번 이상씩 박동하느라 인체에서 가장 많은 에너지를 소모한다고 덧붙이지요. 게다가 그 일을 한 사람의 일생 동안 끊임없이 해야 하니 심장의 역할이 그야말로 고될 수밖에 없습니다.

그렇다면 한시도 멈추지 않는 심장의 수고를 어떻게 덜어 줄 수 있을까요?

그것이 바로 휴식입니다. 몸과 마음을 쉬게 하는 것이지요. 그러면 심장 박동의 피로를 줄여 걱정과 스트레스의 수치를 낮출수 있습니다. 아울러 하루 24시간이 마치 25시간인 것처럼 더욱활기차게 생활할 수 있습니다.

〈두 번째 이야기〉 피로의 원인과 대응 방법을 알아 둬

과학자들에 따르면, 인간이 오랫동안 일해도 뇌에 흐르는 혈액은 피로한 증상을 보이지 않는다고 합니다. 8시간, 12시간 계속 일해도 혈액은 처음과 다름없이 원활하게 활동한다는 것이지요. 그렇다면 도대체 우리는 왜 피로를 느끼는 것일까요?

영국 출신의 유명한 정신의학자 하드필드는 그 해답이 우리의 정신에 있다고 확신합니다. 그는 사람들을 괴롭히는 대부분의 피로가 정신에서 비롯된다고 보았지요. 아울러 단순히 육체적인 원인으로 발생하는 피로는 드물다고 말했습니다. 그는 특별히 건강한 신체를 가진 사무직 노동자를 예로 들며, 그들이 피로를 느끼는 이유는 거의 모두 정신 상태에서 나오는 감정적인 문제라고 주장했지요.

그럼 하드필드가 피로의 원인으로 지목한 감정은 구체적으로 어떤 것일까요?

그것은 당연히 기쁨이나 만족감 같은 감정이 아닙니다. 걱정, 분노, 권태, 무기력, 소외감 같은 감정이지요. 그처럼 불안정한 정신이 발생시키는 감정들이 피로를 느끼게 한다는 것입니다.

나아가 신체의 건강을 해치고 일의 능률을 떨어뜨리지요.

걱정, 분노, 권태, 무기력, 소외감 같은 감정은 우리의 삶에 긴장을 불러옵니다. 그 긴장을 제때 풀지 못하면 극심한 피로로 이어져 일상생활의 균형이 망가지게 되지요.

그런데 그와 같은 긴장도 일종의 습관이라고 할 수 있습니다. 별일 아닌데도 자주 긴장을 느끼는 사람들이 있지요. 긴장도 습관이고, 이완도 습관입니다. 이완이라는 단어의 의미는 앞에서 공부했는데, 기억하나요?

우리는 흔히 나쁜 습관을 고쳐야 한다고 말합니다. 그런 면에서 보면 긴장이라는 나쁜 습관도 반드시 고쳐야 하는 것이지요. 쓸데없는 긴장을 없애야 피로를 줄이고, 그것이 곧 정신을 어지럽히지 않아 평화로운 감정을 나타내게 됩니다.

그렇다면 긴장이라는 나쁜 습관은 어떻게 고쳐야 할까요?

일단 마음가짐 못지않게 몸의 자세를 바로잡아야 합니다. 여러분은 하루에 얼마나 스마트폰을 들여다보나요? 요즘 사람들은 스마트폰 같은 전자기기들을 워낙 폭넓게 사용해 시력과 척추 등에 악영향을 끼치는 경우가 많습니다.

인체 신경 에너지의 4분의 1을 소비하는 눈이 나빠지는 것은 물론, 거북목과 척추 옆굽음증 같은 증상이 나타나지요. 그것이 다 끊임없이 몸과 정신의 긴장을 일으키는 잘못된 생활 방식에서 비롯되는 것입니다.

그러므로 긴장이라는 나쁜 습관을 고치려면, 우선 생활 방식을 올바르게 바꿔야 합니다. 스마트폰 같은 전자기기를 사용할 때 바른 자세를 유지해야 하며, 나아가 사용 시간 자체를 줄여야 하지요. 그래야 몸과 정신이 이완되어 피로를 줄이니까요.

유도 선수를 떠올려 보면 이완이 얼마나 중요한지 알 수 있습니다. 유도 기술 중에는 낙법이 있는데, 그것은 상대방의 공격을 받아 넘어질 때 충격을 최소화하는 기술이지요. 그런데 낙법을 잘하려면 긴장을 풀어 몸을 부드럽게 만들어야 합니다. 그렇게 긴장을 풀어 몸을 이완시켜야만 바닥에 내던져져도 다치지 않지요. 그와 반대로 잔뜩 긴장해 몸이 딱딱해지면 실제로 받는 충격이 2~3배 늘어나게 됩니다.

정신의 이완도 유도의 낙법과 같은 원리입니다. 걱정, 분노, 권태, 무기력, 소외감 같은 감정을 없애면 몸이 그렇듯 정신이 부드러워져 긴장을 벗고 이완하게 되지요. 그렇게 몸과 정신이 이완되어야 우리는 비로소 피로를 느끼지 않습니다. 그리고 신체의 건강을 지키며, 자신의 일을 훨씬 더 효과적으로 해낼 수 있지요.

그럼 제6장 두 번째 이야기를 마치면서, 피로의 원인이 되는 긴장을 없애는 방법을 정리해 보겠습니다.

☑ 1. 틈틈이 쉬어라. 충분히 휴식해 우리의 몸을 고양이처럼 부드럽게, 우리의 정신을 걱정과 분노 따위 없이 이완된 상태로 만들어라.

· ·

☑ 2. 올바른 몸의 자세로 공부하고 일하라. 잘못된 자세를 가져 육체의 통증과 정신의 피로를 불러오지 않도록 조심하라.

· ·

☑ 3. 하루에도 몇 번씩 자신의 생활을 되돌아보아라. '내가 괜히 어렵게 행동하는 것 아닌가?', '내가 쓸데 없이 감정을 낭비하는 것 아닌가?' 스스로 돌아봐 몸과 정신을 이완시켜라.

· ·

☑ 4. 하루 일과가 끝나면 얼마나 피곤한지 생각해 보아라. 만약 심한 피로를 느낀다면, 그것은 대부분 잘못된 정신 상태와 생활 태도가 불필요한 긴장을 불러온 탓인 것을 깨달아라.

· ·

⟨세 번째 이야기⟩ 걱정을 줄이거나 없애는 4가지 공부 습관

같은 시간 동안 열심히 공부하는데 누구는 높은 성적을 받고, 또 누구는 노력한 만큼 결과를 얻지 못합니다. 어떤 친구는 목표를 향해 몰두하지만, 또 어떤 친구는 공부를 하면서도 이런저런 걱정에 휩싸여 집중하지 못하지요.

그럼 노력한 만큼 결과를 얻지 못하거나 집중력이 부족한 친구들은 어떻게 공부해야 할까요? 그 방법을 4가지로 정리하면 다음과 같습니다.

첫째, '지금 하고 있는 공부와 상관없는 책을 모두 치워라!'

어린이 여러분의 책상 위에는 지금 어떤 책이 펼쳐져 있나요? 『어린이를 위한 데일 카네기의 자기관리론』이 펼쳐져 있다고요? 그리고 또 어떤 책들이 책상 위에 어지럽게 놓여 있나요?

가끔 보면 국어 공부를 하면서 사회 교과서를 자꾸 들춰 보는 친구들이 있습니다. 또 수학 공부를 하면서 국어책을 들여다보기도 하지요. 어떤 친구들은 학교 숙제를 하면서 학원에 가서 볼 시험 공부를 하기도 하고요. 어떤 친구들은 공부를 하다 말고 책꽂이에 꽂아 두었던 동화책을 꺼내 와 펼쳐보고는 합니다. 바로 그와 같은 학습 태도가 집중력을 흐트러뜨려 자기가 바라는 만큼 좋은 성적을 못 거두는 중요한 원인이지요.

"책상 위에 잡다한 서류들을 늘어놓은 사람은 지금 당장 일하는 데 필요한 것만 남기고 깨끗이 치워야 합니다. 그래야만 자신의 업무를 쉽고 정확하게 처리하게 되지요. 이것이야말로 업무의 효율성을 높이는 첫 번째 방법입니다."

이것은 미국의 노스웨스턴철도 사장이었던 롤랜드 윌리엄스가 직원들에게 한 말입니다. 나는 그의 말을 어린이 여러분에게도 강조하고 싶습니다. 위 글에서 서류를 책으로, 일이나 업무라는 단어를 공부로 바꾸면 어린이들이 꼭 명심해야 할 내용이 되니까요.

사람들이 하는 대부분의 걱정은 해야 할 일이 많아서 생기는 것이 아닙니다. 공부도 마찬가지고요. 일이나 공부를 하면서 걱정에 빠져드는 이유는 '질서'를 찾지 못하기 때문입니다. 일이나 공부를 할 때 질서가 있으면 설령 그 양이 많더라도 허둥대지 않지요. 어린이 여러분이 지금 공부하지 않는 책들을 책상 위에 쌓아놓고 자꾸 곁눈질하는 것, 그것이 바로 공부의 질서를 깨드리는 잘못된 학습 태도입니다.

'질서는 하늘의 제1법칙이다.'

미국 국회도서관 천장에 쓰여 있는 글귀입니다. 시인 알렉산더 포프가 한 말이지요.

어린이 여러분이 이해하기에 좀 어려운 글인가요?

하지만 앞서 내가 이야기한 질서의 의미를 생각하면 하나도 어려울 것이 없습니다. 질서는 정치와 사업은 물론이고 공부를 하는 데도 가장 중요한 법칙이 되어야 하지요. 깨끗이 정돈해 질서 잡힌 책상에서 하는 공부는 효율성도 크게 높아지게 마련입니다.

둘째, '우선순위를 따져 차례대로 공부하라!'

"저는 아주 오래전부터 매일 새벽 5시에 일어납니다. 그 무렵이 다른 어느 때보다 집중이 잘 되기 때문이지요. 저는 그 시각부터 하루 동안 할 일을 하나씩 떠올리며 먼저 할 일과 나중 할 일을 차례대로 정리합니다."

이것은 젊은 나이에 크게 성공한 기업인 찰스 럭맨의 말입니다. 일찍이 자신의 꿈을 이룬 많은 사람들은 럭맨처럼 부지런함과 꾸준함, 그리고 일의 우선순위를 따져 차례대로 해결해 나가는 좋은 습관을 가졌지요.

어린이 여러분이 공부할 때도 그와 같은 학습 태도를 지녀야 합니다. 공부할 내용이 많다고 해서 이것 먼저 해야 하나, 저것 먼저 해야 하나 혼란스러워하면 절대 안 되지요. 일단 학교와 학원에서 할 공부 내용을 정리한 다음 우선순위를 따져 봐야 합니다. 물론 거기에는 집에서 스스로 공부하는 시간도 생각해 둬야 하지요.

나는 공부의 우선순위를 잘 아는 학생이 우등생이 된다고 믿습니다. 깨끗하게 정돈한 책상에서 집중력이 높아지듯, 우선순위에 따라 머릿속을 가지런히 정리해야 허둥대지 않고 차분히 공부할 수 있지요. 우등생은 공부할 내용이 아무리 많아도 우선순위대로 하나씩 해결해 나가는 바람직한 학습 태도를 갖습니다. 그런 학생은 머릿속이 어수선하지 않아 공부하면서 쓸데없는 걱정에 빠져들지 않지요.

셋째, '오늘 할 일을 내일로 미루지 않아야 걱정이 사라진다!'

우리 주위에는 습관적으로 오늘 할 일을 내일로 미루는 사람들이 있습니다. 학생들 중에도 그와 같은 생활 자세를 가진 사람들이 적지 않지요.

"오후에 친구들이랑 만나서 게임하기로 했으니까 숙제는 밤중에 하지 뭐. 그리고 밤에 너무 졸리면 내일해도 괜찮아."

"선생님께서 오늘 수학 수업에서 배운 내용을 꼭 복습하라고 했지만, 다음에 하지 뭐. 으악! 난 수학 공부가 너무 싫어!"

여러분의 주변에도 이렇게 말하는 친구들이 있지 않나요?

그런 친구들은 밤중은커녕 다음날이 되어도 숙제를 하지 않을 가능성이 큽니다. 그리고 그날 수업 시간에 배운 내용을 영영 복습하지 않아 계속 수학을 싫어하게 될 확률이 높지요. 당연히 성적도 나쁠 수밖에 없고요.

또 하나, 그런 친구들일수록 걱정에 빠져들기 십상입니다. 정작 숙제와 복습은 하지 않으면서 선생님과 부모님께 꾸중을 들을까 안절부절못하지요. 그와 같은 행동을 반복하다 보면 나중에는 자신의 잘못에 대해 걱정조차 하지 않는 한심한 지경에 이르게 됩니다.

그와 달리 우등생은 지금 할 일을 다음으로 미루지 않습니다. 그날의 숙제는 되도록 그날 해결하고, 수업 시간에 배운 내용은 그때그때 완전히 이해하려고 노력하지요. 그 작은 차이가 누군가를 우등생으로 만드는 것입니다.

아울러 우등생은 쓸데없는 걱정에 빠져 괜히 불안해하지 않습니다. 자기가 해야 할 일을 제때 해결하다 보니 걱정거리가 아예 생겨나지도 않지요. 오늘 할 일을 내일로 미루지 않는 학습 태도가 우등생이 되는 것은 물론 걱정에서도 해방되는 지름길입니다.

넷째, '친구들과 서로 도움을 주고받으며 공부하라!'

한국 속담에 '백짓장도 맞들면 낫다.'라는 말이 있습니다. 자기 혼자 모든 것을 처리하기보다는 다른 사람들과 협력해야 일을 더 수월하고 완성도 높게 해결할 수 있다는 뜻이지요.

공부는 백짓장을 드는 일보다 훨씬 어려운 것이니까 친구들과 함께 탐구하는 과정이 필요하다고 할 수 있습니다.

요즘 대학교에서는 '팀플'이 매우 중요하다고 합니다. 그것은 '팀플레이'의 줄임말로 혼자 해결하기 어려운 과제를 여러 명의 친구들이 힘을 모아 해내는 것이지요. 여럿의 지식이 합쳐지니 문제 해결 능력이 커지고, 그 과정에서 협동심을 비롯해 서로 다른 의견을 조율하는 방법도 깨닫게 됩니다.

흔히 '혼자 가면 빨리 가지만 함께 가면 멀리 간다.'라고 합니다. 아프리카 속담으로 알려져 있는데, 공부에도 적용할 만한 유익한 말이지요. 아무리 똑똑한 사람이라고 해도 모든 분야에 대해 잘 알 수는 없습니다.

그와 달리 별로 아는 것이 없어 보이는 사람도 특별한 분야에 대해서만큼은 누구보다 해박한 지식을 갖추고 있지요. 그러므로 공부하면서 친구들이 협력해 서로 도움을 주고받는 것은 매우 바람직한 학습 태도입니다. 자기가 모르는 것을 누군가 보완해 주거나 함께 힘을 합쳐 해결하게 되니까요.

그러면 자연스럽게 이런저런 걱정도 사라지게 마련입니다. 공부나 세상일이나 전부 나 혼자 해결할 수는 없지요.

〈네 번째 이야기〉 피로와 걱정을 불러오는 권태 없애기

권태란, 어떤 일이나 상태에 시들해져 생기는 게으름과 싫증을 의미합니다. 그러니까 어떤 일이 몹시 지루하게 느껴져 아무런 의욕도 갖지 못하는 심리를 가리키지요.

권태는 육체적으로 힘들거나 무료해서만 찾아오는 것이 아닙니다. 심리학 박사 조셉 바맥이 말했듯, 육체의 고단함보다는 정신의 피로가 더 중요한 원인이지요. 정신의 피로는 주로 자기가 하기 싫은 일을 억지로 할 때 생겨나게 됩니다. 어린이 여러분이 좋아하지 않는 과목의 공부나 취미 활동을 마지못해 할 때 느끼는 감정과 비슷하지요. 별다른 흥미가 없어 지루하지만 어쩔 수 없이 무언가를 꼭 해야만 하는 상태 말입니다.

조셉 바맥은 한 고등학교에 찾아가 학생들을 상대로 무척 재미없는 실험을 했습니다. 그는 학생들의 반응을 살피기 위해 일부러 어렵고 따분한 내용으로 실험을 진행했지요. 학생들은 실험시간 내내 꾸벅꾸벅 졸거나 갑자기 두통을 호소했습니다. 일부학생들은 배가 아프다며 실험에서 빠지고 싶어 했지요.

바맥은 실험에 참여한 학생들을 상대로 몇 가지 간단한 건강 검진을 실시했습니다. 그러자 놀랍게도, 실제로 학생들의 신진대사에 문제가 나타났지요. 혈압이 낮아지고 산소 소비량도 줄어든 것을 확인할 수 있었습니다.

그와 같은 현상이 빚어진 까닭은 무엇이었을까요?

그 이유는 단 하나, 자기가 결코 하고 싶지 않은 실험에 억지로 참여했기 때문입니다. 그처럼 인간은 하기 싫은 일을 할 때 권태를 느끼게 되고, 그것이 피로와 걱정으로 이어지지요. 다시 말해 심리적으로 아무런 활기도 띠지 못하게 되는 것입니다.

그렇다면 권태를 없애기 위해 어떻게 해야 할까요?

그것은 다름 아닌 자기가 좋아하는 일, 재미있어 하는 일을 하는 것입니다. 공부 역시 자기가 흥미를 느끼는 과목일 때 성적이 향상될 확률이 높지요. 자기가 원하는 일을 해야만 피로가 줄어들고, 자연히 걱정도 사라지게 됩니다.

나는 종종 등산과 낚시를 즐깁니다. 몇 시간씩 등산을 하거나 하염없이 물고기가 낚이기를 기다리는 것은 육체적으로 꽤나 힘이 들지요. 하지만 나는 휴일이 되면 흔쾌히 등산과 낚시에 나서고는 합니다. 하루 종일 산과 강에 머물다 보면, 이상하게 몸은 힘든데 마음과 정신이 오히려 가뿐해지는 것을 느끼지요. 그 이유는 바로 등산과 낚시가 내가 좋아하는 일, 재미있어 하는 일이기 때문입니다.

얼마 전 나는 뮤지컬 코미디를 보러 극장에 갔다가 주인공이 던지는 대사에 크게 공감했습니다. 극 중에 등장하는 선장이 선원들을 향해 다음과 같이 말했지요.

"자기가 좋아하는 일을 하는 사람이 가장 행복한 법이야!"

그렇습니다. 어떤 일이든 자기가 진심으로 원하는 일을 해야 의욕이 생기게 마련이지요. 권태를 느끼는 일은 피로와 걱정을 불러올 뿐입니다.

사람들이 어떤 일을 해내는 데는 육체적 활동만 필요한 것이 아닙니다. 어쩌면 정신적이고 심리적인 활동이 더 필요한지 모르지요.

그러므로 우리는 어떤 일에 임하는 자신의 정신과 마음을 스스로 격려해야 합니다. 물론 자기가 좋아하고 재미있어 하는 일을 해야 진심어린 격려를 하는 것이 가능하겠지요.

어른들이 자기가 하는 일이 즐겁고 재미있으면 그만큼 성공에 가까워지게 됩니다. 스스로 자신을 격려해 능동적인 자세로 삶을 살아가게 되니까요. 그리고 어린이 여러분처럼 공부하는 학생이라면 하루하루 학교생활이 즐겁고 재미있어야 성적이 오르고 친구 사이에 우정도 깊어집니다. 만약 학교에 가는 것이 권태롭기 짝이 없다면 괜히 몸과 마음이 피로해지고 쓸데없는 걱정거리로 골머리를 앓기 십상이지요.

어린이 여러분, 다시 한 번 강조하건대 나를 즐겁고 재미있게 하는 것이 무엇인지 알아야 합니다. 그것이 인생의 행복을 누릴 수 있는 길이니까요.

그렇지만 예를 들어, 내가 즐겁고 재미있는 것이 컴퓨터 게임이라고 해서 거기에만 빠져 지내서는 안 됩니다. 공부하기 싫다며 학생으로서 마땅히 집중해야 할 수업 시간에 딴 짓을 해서도 안 되지요. 그랬다가는 머지않아 여러분의 하루하루가 피로와 걱정으로 물들지 모릅니다.

나를 즐겁고 재미있게 하는 것이 무엇인지 알려면, 자신의 삶에
책임감 있는 태도를 먼저 갖춰야 하지요.

지금 한순간의 즐거움과 재미보다, 앞으로 여러분에게 펼쳐질
인생의 즐거움과 재미를 찾아야 합니다.

〈다섯 번째 이야기〉 자기에게 맞는 수면 시간이 있어

사람들은 대략 인생의 3분의 1을 잠을 자면서 보냅니다. 잠은 인간에게 일종의 본능이며, 에너지를 재충전하는 휴식이지요. 그런데 하루에 얼마나 잠을 자야 좋은지에 대해서는 학자들마다 의견이 엇갈립니다. 내가 보기에는, 사람들마다 서로 다른 개성을 지니듯 적정한 수면 시간 역시 그 기준이 저마다 다르다고 생각합니다.

한때 한국 사회에 '4당5락'이라는 말이 유행했습니다. 대학 입시를 준비하면서 하루에 4시간 자고 공부하면 합격하고 하루에 5시간 자고 공부하면 떨어진다는 의미였지요. 그러니까 최대한 잠을 줄여 학업에 열중하라는 충고였습니다.

하지만 나는 그 말에 동의하지 않습니다. 앞서 이야기했듯 사람에 따라 적정한 수면 시간이 다르니까요. 하루에 적어도 5시간은 자야 하는 사람이 4시간만 자고 공부한다면 얻는 것보다 잃는 것이 많게 마련입니다. 성적이 기대만큼 오르지 않는 것은 말할 것 없고 건강마저 해치게 되지요.

내가 아는 변호사 중에 샘 운터마이어라는 사람이 있습니다. 그는 대학생 때부터 심한 불면증으로 고생했지요. 여러 병원에 다녀 봤지만 아무 소용이 없었습니다. 밤마다 쉽게 잠을 못 이루다 보니 신경쇠약증에 걸릴 지경이었지요. 그는 잠에 들기 위해 침대에서 뒤척이는 시간이 지옥 같았습니다.

그러던 어느 날 밤, 그는 여지없이 불면증에 시달리다가 문득 한 가지 생각이 떠올랐습니다.

'내가 왜 억지로 잠을 자려고 이렇게 고통 받지? 잠이 안 오면 그냥 일어나서 할 일을 하면 되잖아!'

그리고 운터마이어는 침대에서 벌떡 일어나 책을 펼쳤습니다.

그날 이후 그는 하루에 5시간만 자면서 공부에 몰두했지요. 그 덕분에 변호사 시험에 합격했고, 그 뒤에도 누구보다 부지런한 변호사로 소문이 자자했습니다. 결국 불면증이 그를 성공한 변호사로 만든 셈이었지요. 만약 그가 불면증 때문에 계속 조바심을 냈다면 건강만 해쳤을 것이 틀림없습니다.

하지만 샘 운터마이어와 달리 하루에 8~9시간은 잠을 자야 활기차게 일상생활을 할 수 있는 사람들도 많습니다. 미국 제30대 대통령이었던 캘빈 쿨리지도 그런 사람들 가운데 한 명이었지요. 그는 심지어 하루에 10~11시간은 잠을 자야 정치인으로서 자기 역할을 제대로 할 수 있었습니다.

그보다 잠이 부족하면 종일 피로에 절어 집중력을 잃었지요. 쿨리지는 앞서 예로 든 운터마이어에 비해 잠자는 것으로 인생의 2배 넘는 시간을 더 보낸 셈입니다.

어린이 여러분이 생각하기에 캘빈 쿨리지의 삶이 샘 운터마이어보다 나태했나요?

결코 그렇지 않습니다. 불면증에 대한 걱정이 불면증보다 더 나쁜 영향을 끼치듯, 잠을 너무 많이 잔다는 걱정으로 괴로워하는 것 역시 바람직하지 않습니다. 쿨리지는 잠에서 깨어 있는 시간에 누구보다 성실하게 생활했을 것이 틀림없습니다. 만약 그가 게으른 삶을 살았다면 절대로 대통령의 자리에 오르지 못했을 것입니다.

물론 잠을 너무 적게 자거나 지나치게 많이 자면 건강에 해로울 수 있습니다. 공부를 하거나 사회생활을 하는 데 방해가 될 수도 있지요. 하지만 그렇다고 해서 누구나 하루에 7시간씩만 자야 한다고 강요하는 것은 옳지 않습니다. 하루에 5시간만 잠을 자도 최상의 컨디션을 유지하거나, 하루에 9시간은 잠을 자야 활기를 잃지 않는다면 그렇게 하는 편이 낫지요.

내가 책을 통해 여러 차례 이야기했듯 사람에게는 저마다 다른 개성이 있습니다. 잠을 자는 것도 마찬가지지요.

새벽에 정신이 맑은 사람이 있다면, 무슨 일이든 저녁에 해야 집중력이 높아지는 사람도 있습니다. 자기에게 어떤 생활 리듬이 어울리는지, 하루에 몇 시간 동안 잠을 자는 것이 적정한 수면 시간인지 깨닫는 것도 삶의 피로와 걱정을 줄이는 길입니다.

아울러 공부를 하거나 회사 일을 하면서 자신의 능력을 최대치로 끌어올리는 길이기도 합니다.

그럼, 내가 이번 장에서 걱정을 잊고 활기차게 생활하기 위해 강조한 5가지 방법을 정리해 볼까요?

큰 소리로 따라 읽어 보세요.

☑ 1. 피로가 쌓여 건강을 해치고 일의 능률이 나빠지기 전에 충분히 휴식해 재충전의 시간을 가져라. 그러면 하루가 25시간인 것처럼 살 수 있다.

• •

☑ 2. 불안정한 감정에서 비롯되는 긴장을 줄여야 피로가 사라지고 걱정이 없어진다. 몸과 정신을 이완시켜라.

• •

☑ 3. 공부에도 우선순위가 있다. 주변을 깨끗이 정돈하고, 오늘 할 일을 내일로 미루지 마라. 그리고 친구들과 도움을 주고받아라.

• •

☑ 4. 피로와 걱정을 불러오는 권태를 없애라. 그러려면 무엇보다 나를 즐겁고 재미있게 하는 일을 해야 한다.

• •

☑ 5. 누구나 자기에게 맞는 수면 시간이 있다. 불면증으로 괴로워하지 말고, 남들보다 잠을 많이 잔다고 해서 불안해하지 마라. 깨어 있는 시간에 더욱 충실히 노력해라.

• •

잠깐, 스스로 생각해봐

■ 나는 이번 장에서 어린이들이 지켜야 할 4가지 공부 습관을 이야기했어요. 각각의 내용을 간단히 적고, 자신은 어떤지 하나씩 설명해 보도록 해요.

[책을 닫으며]

『어린이를 위한 데일 카네기의 자기관리론』을 마치며 딱 2가지 이야기를 덧붙이겠습니다. 여러분은 인생을 살아가며, 머지않아 2가지 중요한 결정을 내려야 합니다. 그것은 대학에 가서 어떤 공부를 할 것인지, 그리고 대학을 졸업한 뒤 어떤 직업을 가질 것인지에 대한 결정입니다.

먼저, 훗날 대학에 가면 무엇을 공부하고 싶은지 생각해 보세요.

인간은 동물과 달리 평생 공부하는 존재입니다. 인간은 동물처럼 본능적인 행동만으로 삶을 살아가지 않습니다. 공부가 꼭 학교에서만 이루어지는 것은 아니지만, 현대인은 유치원부터 대학까지 약 20년 가까이 학교 교육을 받지요. 그중 대학 교육은 사회생활에 필요한 전문 지식을 쌓는 소중한 시기입니다.

대학에서는 여러 전공에 따라 자율적인 교육이 이루어집니다. 고등학교를 졸업한 학생들은 자신의 선택에 따라 전공을 결정하지요. 그 전공은 인간으로서 삶과 세상을 이해하는 데 중요한 열쇠가 됩니다. 누구는 법으로, 누구는 철학으로, 누구는 과학으로, 누구는 공학으로 자신의 꿈을 펼쳐 나가지요.

그러므로 어린이 여러분도 대학에 가서 무엇을 공부할지 생각해 보는 시간을 가져야 합니다. 자기의 적성을 비롯해 미래에 어떤 일을 하며 살고 싶은지 잘 판단해 전공을 결정해야 하지요.

전공은 유행에 따라 결정하는 것이 아닙니다. 전공은 경제적 가치로만 결정하는 것도 아닙니다. 자기가 어떤 공부를 해야 가장 자존감을 느낄 수 있는지, 또 어떤 공부를 할 때 가장 행복한지에 따라 결정해야 합니다. 물론 전공은 앞으로 자신이 갖고 싶어 하는 직업과도 상당히 깊은 연관성이 있습니다. 만약 대학 전공에 대한 지식이 부족하다면 서점에 가서 그와 관련된 책을 사 보는 것도 좋은 방법입니다.

다음은, 대학을 졸업한 뒤 어떤 직업을 가질지 생각해 봐야 합니다.

이미 설명했듯 이 문제는 대학 전공의 선택과도 관계가 있습니다. 하지만 대학 전공과 직업이 항상 일치하는 것은 아니지요. 대학 공부와 상관없이 직업 선택이 이루어질 수도 있다는 말입니다.

 나는 언젠가 미국 화학 기업 듀폰의 인사 책임자를 만났을 때 다음과 말을 들었습니다.

 "많은 젊은이들이 자신이 정말로 무엇을 하고 싶은지조차 모르는 것은 큰 비극입니다. 매일 일을 해 월급만 받을 뿐, 그 밖에 어떤 의미도 찾지 못하는 인생만큼 불행한 것도 없지요."

 나는 그의 의견에 완전히 공감했습니다.

 실제로 주변을 살펴보면 요즘 어떤 직업이 인기 있다고 해서, 또는 돈을 많이 버는 직업이라고 해서 별 고민 없이 그 길을 선택하는 젊은이들이 적지 않습니다. 하지만 그런 결정이 누구에게나 행복과 평화를 가져다주는 것은 아니지요. 모름지기 인간이란 자기가 즐겁게 할 수 있는 일을 해야 삶의 만족도가 높아지는 법이니까요.

"잘못된 직업 선택은 사회의 중대한 손실이다."

이것은 영국 경제학자 존 스튜어트 밀이 한 말입니다. 그는 1800년대 사람인데, 그때 이미 직업 선택의 중요성을 강조한 것이지요. 잘못된 직업 선택은 사회의 중대한 손실일 뿐만 아니라, 개인에게도 크나큰 비극입니다. 자기가 하고 있는 일을 싫어하는 사람만큼 불행한 사람도 드물기 때문입니다.

그러므로 나는 어린이 여러분이 미래에 갖게 될 직업에 대해서도 틈틈이 생각해 보기 바랍니다. 아직은 먼 훗날의 일이라 실감나지 않겠지만, 자신의 직업에 대해 고민해 보는 시간은 충분히 의미가 있지요.

여기서 어린이 여러분이 명심할 점은 직업이 단지 돈을 벌기 위한 수단은 아니라는 사실입니다. 물론 직업을 통해 경제적 보상을 받는 것은 무척 중요합니다.

그래야만 자기 스스로 일상생활을 꾸려가며 가족을 부양할 수도 있으니까요.

하지만 그렇다고 해서 돈만 좇아 직업을 결정하는 것은 바람직하지 않습니다. 인간은 어떤 일을 하면서 삶의 보람을 느끼는 존재이기도 하니까요.

직업을 결정할 때는 경제적 보상과 삶의 보람을 비롯해 미래의 전망과 근무 환경 등 곰곰이 살펴봐야 할 점이 많습니다.

Dale Harbison Carnagey

10대를 위한 데일카네기 자기관리론

초판 발행 2024년 7월 7일
초판 인쇄 2024년 7월 17일

지은이   콘텐츠랩   **그림**   지연
펴낸이   김태헌
펴낸곳   핑크물고기

주소   경기도 고양시 일산서구 대산로 53
출판등록   2021년 3월 11일 제2021-000062호
전화   031-911-3416
팩스   031-911-3417